SAGENHAFTE ISLANDPFERDE

SAGENHAFTE ISLANDPFERDE

LEGENDEN, GESCHICHTEN UND GEDICHTE UM ISLANDS ROSSE UND REITER

GESAMMELT VON ÚLFUR FRIÐRIKSSON ■ FRANCKH-KOSMOS

Die Fotografen und ihre Bilder:
Prof. Dr. E. Isenbügel: 15, 16;
Hans Klüche: 22/23, 27, 42, 52/53, 62, 63, 72, 82, 86, 92, 93;
Rik van Lent: 3, 6/7, 9, 10/11, 12, 13, 14, 17, 18, 19, 20, 21, 30/31, 32, 33,
37, 39, 40, 41, 43, 44, 46, 48, 50, 51, 54, 55, 58, 59, 64, 65, 67, 68, 71, 74,
77, 78/79, 83, 87, 88, 91, 94;
Werner Renken: 57, 60;
Uwe Schärff: 24, 34/35, 36, 61, 69, 70, 73;
Herbert Schlüter: 25, 49, 66, 75;
Dr. Hans-Jörg Schrenk: 29, 45, 47, 80.
Alle 72 Farbfotos wurden in Island aufgenommen.

Umschlaggestaltung von Atelier Jürgen Reichert, Stuttgart,
unter Verwendung von Farbfotos von Rik van Lent.

Die Texte wurden mit freundlicher Genehmigung des Herausgebers
entnommen aus »Sörli – Geschichten und Gedichte um Rosse, Reiter und
Ritte auf Island«, ausgewählt und übersetzt von Úlfur Friðriksson/
Wolf von Seefeld, © 1991, Auslieferung: Uwe Schärff, Falenbek 8, 22149
Hamburg.

Die Deutsche Bibliothek – CIP-Einheitsaufnahme

Sagenhafte Islandpferde: Legenden, Geschichten und Gedichte um
Islands Rosse und Reiter/ges. von Úlfur Friðriksson. [Die Fotogr. und ihre
Bilder: E. Isenbügel... Die Ausw. und Bearb. für den vorliegenden Band
besorgte Christiane Gohl. Den Serviceteil für Islandreisende schrieb Hans
Klüche.]
– Stuttgart: Franckh-Kosmos, 1994
ISBN 3-440-06744-0
NE: Úlfur Friðriksson. [Hrsg.]; Gohl, Christane [Bearb.]; Klüche, Hans

Die Auswahl und Bearbeitung für den vorliegenden Band besorgte
Dr. Christiane Gohl.
Den Serviceteil für Islandreisende schrieb Hans Klüche.
© für diese Ausgabe: 1994 Franckh-Kosmos Verlags-GmbH, Stuttgart
Alle Rechte vorbehalten
ISBN 3-440-06744-0
Printed in Italy/Imprimé en Italie
Lektorat und Bildredaktion: Sigrid Eicher
Layout: Atelier Jürgen Reichert, Stuttgart
Herstellung: Die Herstellung, Stuttgart
Satz: Utesch Satztechnik GmbH, Hamburg
Reproduktionen: Master Image Pte. Ltd., Singapur
Druck und Bindung: Printer Trento S.p.l., Trento

Inhalt

ISLAND UND S

EINE **P** FERDE

Um 880 n. Chr. vertrieb der norwegische König Harald Schönhaar die besten Männer seines Reiches. Die selbstbewußten, freien Bauern mochten seinem Befehl, ihr Recht auf Grundbesitz aufzugeben und sich dem Groß-könig zu unterwerfen, nicht Folge leisten. So nahmen sie ihre Familien und die besten Tiere ihrer Höfe und verließen das Land. Ihre Suche nach Freiheit führte sie auf die Shetlandinseln, die Hebriden und die Orkneys, aber die meisten lenkten ihre Schiffe auf die Insel am Polarkreis, die die Wikinger »Island« – Eisland – nannten. Sie war damals noch nicht lange bekannt und weitgehend unbewohnt. Niemand hinderte die neuen Siedler, hier die Hoch-sitzsäulen ihrer Halle zu errichten und Anspruch auf eigenes Land zu erheben. Sie opferten ihren Göttern und beriefen den Allthing als gesetzgebende Ver-sammlung ein, denn niemand anders als sie selbst sollte sie regieren.

Sorgfältig führten die Neusiedler Buch über die Landnahme auf der Insel. Und so wissen wir noch heute viel von den freiheitsliebenden, streitlustigen und erzählfreudigen ersten Bürgern der Republik Island ... und von ihren Pferden. Denn ohne die Reitpferde, die die Auswanderer mit auf die unwirtliche Insel brachten, wäre die Besiedelung des neuen Landes kaum so erfolgreich verlau-fen. Schon die allerersten Sagas berichten von den Pferden der Einwanderer, ihrem Mut, ihrer Klugheit und ihren hervorragenden Reiteigenschaften.

Es waren besondere Pferde, die man mit übers Meer nahm. Nur die edelsten Tiere der alten Heimat lohnten den aufwendigen und kostspieligen Transport; die schnellsten Renner und die Zelter mit den gleichmäßigsten Gängen. Die Pferde waren der Stolz und die Freude der Siedler, aber auch ihr einziges Transportmittel in der neuen Heimat. Die Sagas erzählen von sorgfältiger Weiterzucht mit ausgewählten Tieren. So entstand im Laufe der Jahre eine neue, dem Land und seinen Bedürfnissen angepaßte Pferderasse. Im Island-pferd blieben die Fähigkeiten der alten, nordischen Pferde erhalten. Seine Züchter bewahrten und pflegten seine Spezialgangarten Tölt und Paß, während sie in Mitteleuropa in Vergessenheit gerieten. Zugleich aber erwar-ben sich die Tiere, die auf der Insel aus Feuer und Eis überlebten, eine beson-dere Widerstandsfähigkeit gegen die Unbilden der Natur. Unzählige Geschich-ten erzählen von Ritten über das stürmische Hochland und von Pferden, die den Winter im ewigen Eis überlebten.

Die Freunde der kleinen, starken Pferde bestätigen dem Islandpferd zudem eine außergewöhnliche Persönlichkeit, geprägt von Zurückhaltung und Adel.

Und Freunde haben die Pferde der Sageninsel heute auf der ganzen Welt ...

*G*leiches Schicksal widerfährt
Mann und Roß im Lande.
Es knüpfen Isländer und Pferd
glückdurchwirkte Bande.

Forlög þjóðar, fáks og manns
fótspor saman undu;
Íslending og hestinn hans
heillastrengjum bundu.

GUÐMUNDUR INGI KRISTJÁNSSON

PFERDE DER GÖT

TER UND **H**ELDEN

Skinfaxi heißt er, der den schimmernden Tag zieht
über der Menschen Menge.
Für der Fohlen bestes gilt er den Völkern,
hell glänzt die Mähne der Mähre.

Hrímfaxi heißt er, der die Nacht herzieht
den waltenden Wesen.
Mehltau fällt ihm vom Gebiß am Morgen
und füllt mit Tau die Täler.

Die Verse um Skinfaxi, der den Morgen bringt und Hrímfaxi, das Pferd der Nacht, gehören zu den ältesten Zeugnissen isländischer Dichtkunst. Sie stammen aus der sog. »Älteren Edda«, einer Niederschrift von Götter- und Heldenliedern, die um 1000 n. Chr. auf Island entstand. Die darin erzählten Geschichten sind jedoch viel älter. Zum Teil brachten die ersten Siedler sie schon mit auf die Insel am Polarkreis und gaben sie jahrhundertelang mündlich weiter. Dabei prägte das neue Land die Lieder ebenso wie ihre Erzähler. Die in der Edda niedergelegten Geschichten spiegeln isländische Lebensart und Gesellschaftsverhältnisse, und das Pferd spielt darin ganz selbstverständlich eine große Rolle. Pferde sind für die Götter und Helden der Sagas ebenso unverzichtbar wie für die Menschen. Vom Göttervater Oðin bis zum Helden Sigurð bedient sich jeder eines edlen Rosses, um Entfernungen zu überwinden, Frauen zu gewinnen, oder in den Kampf zu reiten.

Und wenn es besondere Pferde sind und es gewichtige Gründe dafür gibt, dann tragen sie ihre Herren auch durch Feuer und Eis, hinein ins Totenreich oder heraus aus Walhall, dem Paradies der Helden...

HELGIS LIED

Sigrún, die Tochter Högnis, liebte den Königssohn Helgi, aber sie war mit einem anderen verlobt. Im Kampf tötete Helgi seinen Rivalen, doch auch der Vater und einer der Brüder seiner Liebsten kamen ums Leben. Sigrúns zweiter Bruder Dag schwor Helgi daraufhin den Treueeid. Er wurde aber wortbrüchig und erschlug seinen Schwager. Dafür verfluchte ihn Sigrún:

Das Schiff fahre nicht,
das unter dir fährt,
weht auch
erwünschter Wind dahinter.
Das Roß renne nicht,
das unter dir rennt,
müßtest du auch fliehen
vor deinen Feinden.

Das Schwert schneide nicht,
das du schwingst,
es schwirre
dir selber ums Haupt.
Rache hätt' ich da
für Helgis Tod,
wenn du ein Wolf wärst
im Walde draußen
Des Beistands bar
und bar der Freunde...

Dag bot ihr Sühnegeld für Helgis Tod und wollte schließlich sogar sein Königreich mit ihr teilen, aber Sigrún ließ sich nicht trösten. Sie wollte nicht aufhören, um Helgi zu trauern:

Nicht sitz' ich mehr
selig zu Sevafell
früh noch spät,
daß mich freute zu leben,
es brech' ein Glanz denn
aus dem Grabe des Fürsten,
Vigblár, das Roß,
renne mit ihm daher,
das goldgezäumte,
den so gern ich umfinge.

Helgi war ein großer Held gewesen, und nach seinem Tode fand er Aufnahme in Oðins Hallen. Ob Sigrúns Trauer fand er dort jedoch keine Ruhe und konnte sich an der Gesellschaft der Götter und der anderen gefallenen Helden nicht freuen. So verließ er schließlich Walhall und kehrte für eine Nacht zurück nach Sevafell. Als Sigrúns Magd am Abend zu Helgis Grabhügel ging, sah sie den Helden mit großem Gefolge reiten.

Ist's Blendwerk nur,
was ich erblicke,
oder Götterdämmerung?
Tote reiten.
Ihr reizt mit Sporen
eure Rosse.
Oder ist Heimkehr
den Helden vergönnt?

Die Magd verständigte ihre Herrin, und Sigrún verbrachte die letzte Nacht in Helgis Armen. Am nächsten Abend wartete sie erneut am Grabhügel, aber Helgi kehrte nie zurück. Sigrún starb bald vor Schmerz und Kummer, doch man sagt, sie und Helgi seien wiedergeboren worden, denn eine solche Liebe könne nicht sterben.

DIE GESCHICHTE VON SIGURD UND GRANI

Grani gehörte dem Helden Sigurð. Er war der beste Hengst aus dem Gestüt König Hjálpreks, und Sigurð erwählte ihn, weil er als einziges Pferd der Herde einen reißenden Strom durchschwamm. Grani zeigte sich stark und mutig im Kampf. Als Sigurð das Ungeheuer Fáfnir erschlug und sein Gold erbeutete, belud er Grani mit dem Schatz. Er wollte das Pferd führen, doch Grani rührte sich nicht vom Fleck, bis Sigurð auch noch aufstieg.

Später versprach Sigurð der Walküre Brynhilður die Ehe, geriet dann aber unter den Zauberbann der Hexe Grímhild und brach sein Versprechen. Grímhild brachte ihn dazu, Brynhilður zu vergessen und sich in ihre eigene Tochter Guðrún zu verlieben. Ihr Sohn Gunnar sollte um Brynhilður werben. Als Sigurð Guðrun zur Frau nahm, versprach er Gunnar, ihm bei der Eroberung Brynhilðurs zu helfen, aber das erwies sich als schwierig, denn das Mädchen hatte einen Flammenring um ihre Burg gezogen. Sie wollte nur den zum Mann nehmen, der ihn durchdringen könnte. Diese Aufgabe, so hoffte Brynhilður, würde kein anderer als Sigurð mit Grani meistern.

Sigurð bot Gunnar an, ihm seinen Hengst zu leihen, aber Grani gehorchte dem fremden Reiter nicht. Da warf Grímhild einen Zauber über Sigurð, und er nahm Gunnars Gestalt an. Mit goldenen Sporen aus Fáfnirs Schatz trieb er Grani durch die Flammen und gewann Brynhilður für seinen künftigen Schwager.

Das Feuer wogte,
es schwankte der Boden,
und hohe Lohe
zum Himmel flammte;
von des Königs Recken
war keiner so kühn
durch die Glut zu dringen,
noch drüber zu steigen.

Mit dem Schwert spornte
Sigurð Grani,
das Feuer erlosch
vor dem Fürsten;
vor dem Lobgepriesenen
die Lohe sich legte.
Es blinkte das Reitzeug,
das Regin einst hatte.

Viel später deckte Brynhilður diesen Betrug auf und nahm Rache dafür, indem sie Gunnars Brüder Högni und Gutthorm dazu brachte, Sigurð auf der Fahrt zum Thing zu töten.

So erzählte Guðrún vom Tod ihres Gatten:

Vom Þinge traurig traben
hört ich Grani;
Sigurðen selber sah ich nicht.
Alle Rosse waren rot von Blut
und in Schweiß geschlagen von den Schächern.

Gramvoll ging ich mit Grani reden,
befragte das Pferd mit feuchter Wange;
da senkte Grani ins Gras das Haupt:
Wohl wußte der Hengst, sein Herr sei tot.

Später als die Handschriften der »Älteren Edda« entstand die sog. »Snorra-Edda«, ein Lehrbuch der Dichtkunst. Ihr Verfasser Snorri Sturluson lebte von 1178 bis 1241 und erzählte weitere Geschichten aus der isländischen Mythologie. Snorri Sturluson war einer der ersten »Skalden« – so nennt man die isländischen Dichter –, deren Werke uns überliefert sind.

TAG UND NACHT – SONNE UND MOND

Narfi hieß ein Riese, der in Riesenheim hauste. Er hatte eine Tochter, die Nótt (Nacht) hieß. Sie war schwarz und dunkel wie das Geschlecht, dem sie entstammte. Ihr letzter Gemahl war Dillingur; er war vom Asenstamm. Deren Sohn war Dagur (Tag), und er war licht und schön nach seiner väterlichen Herkunft.

Da nahm Allvater die Nótt und ihren Sohn Dagur, schenkte ihnen zwei Pferde und zwei Wagen und schickte sie damit auf den Himmel hinauf, daß sie alle zweimal zwölf Stunden um die Erde fahren sollten. Nótt fährt voran mit dem Hengste Hrímfaxi; der betaut jeden Morgen mit dem Schaum seines Gebisses die Erde: Der Hengst des Dagur heißt Skinfaxi; von dessen Mähne fällt Glanz auf Himmel und Erde.

Da sagte Gangleri: »Wie lenkt er den Lauf von Sonne und Mond?« Hárr (Hoch) erwiderte: »Es war ein Mann namens Mundilfari, der zwei Kinder hatte. Die waren so blond und schön, daß er seinen Sohn Máni (Mond) nannte und seine Tochter Sól (Sonne). Diese gab er einem Manne namens Glen zur Frau. Doch die Götter erzürnten so über diese Anmaßung, daß sie die Geschwister nahmen und sie an den Himmel versetzten. Sól mußte die Rosse lenken, die den Wagen jener Sonne zogen, welche die Götter aus einem Funken geschaffen hatten, der aus Muspelsheim geflogen kam. Die Sonne sollte die Welt erleuchten. Die Rosse, die ihren Wagen zogen, heißen Árvakur und Alsviður. Unter ihrem Bug brachten die Götter Blasebälge an, um ihnen Kühlung zu verschaffen.«

SLEIPNIRS GEBURT

Da sagte Gangleri: »Wem gehört das Roß Sleipnir, und was ist von ihm zu erzählen?« Hárr antwortete: »Du kennst also Sleipnirs Eigenschaften nicht und auch nicht die Umstände, denen er seine Entstehung verdankt? Du wirst dieses aber erzählenswert finden, wenn du es hörst. Es war früh in der ersten Zeit der Göttersiedlung, als die Götter Miðgarður aufgestellt und Walhall gebaut hatten, da kam ein Handwerker zu ihnen und erbot sich, in drei Halbjahren eine so vortreffliche Burg zu bauen, daß sie vor den Bergriesen sicher wären, die nach Miðgarður kämen. Als Gegenleistung bedang er sich aus, daß er Freya bekommen solle; auch Mond und Sonne wolle er haben. Die Asen sicherten ihm das zu, falls er die Burg in einem Winter fertigstellte. Wäre am ersten Sommertage noch irgend etwas unfertig, so solle er seinen Anspruch verlieren. Niemand dürfe ihm bei der Arbeit helfen. Der Handwerker bedang sich als Zugeständnis die Hilfe seines Rosses Svaðilfari aus. Auf Lokis Rat wurde ihm das zugebilligt.

Am ersten Wintertag begann er mit der Arbeit an der Burg. Die Asen wunderten sich, wie große Steine das Roß schleppte und daß es doppelt so viel leistete wie der Baumeister. Als noch drei Tage bis Sommeranfang fehlten, war die Arbeit ganz nahe an das Burgtor gelangt.

Da beratschlagten die Götter, wer das vorgeschlagen habe, Freya nach Riesenheim zu verheiraten und Sonne und Mond den Riesen zu geben. Man kam überein, daß dieser Vorschlag von Loki stammen werde, dem Urheber des meisten Bösen. Die Götter drohten Loki mit dem Tode, falls er nicht einen Ausweg fände, daß der Riese sein Ziel nicht erreiche. Loki bekam Angst und schwor, er werde es so einrichten, daß der Baumeister seinen Anspruch verliere.

Als am selben Abend der Handwerker ausfuhr, um Steine zu holen, galoppierte aus dem Walde eine Stute an den Hengst heran. Als der Hengst merkte, was für ein Roß das war, wurde er wild, zerriß die Seile und galoppierte auf die Stute los. Sie aber floh zum Walde; der Baumeister lief hinterher, denn er wollte die Stute greifen. Die Pferde rannten die ganze Nacht, und so ruhte die Arbeit. Es wurde auch am folgenden Tage nicht so viel geschafft wie sonst. Als der Baumeister sah, daß die Arbeit nicht fertig werden würde, geriet er in Riesenzorn.

Es war aber Loki gewesen, der auf den Hengst Svaðilfari zugelaufen kam, und er gebar nach einiger Zeit ein Fohlen. Das war ein Schimmel und hatte acht Füße. Es ist das beste Roß bei Göttern und Menschen.«

Die Pferde der Sagas beschäftigen die Gedanken der Menschen auf Island bis heute. In einem Gedichtzyklus von Matthías Johannessen, einem zeitgenössischen Autor, findet sich das Bild des Rosses Skinfaxi wieder.

SKINFAXI

*D*u
bist Leuchtmähne,

licht werden Himmel und Erde
durch deine Mähne:

von Westen übers Land
treiben Winde den Frühling;
wie eine Schar Pferde
hinauf die Berge stürmt,
zündet unter Hufen
warme Winde.
Leuchtmähne gute
durchmißt Heiden,
der Westwindrenner
sengt das Todesfahle
fort vom Winter,
sengt die schwarzen Wunden.

MATTHÍAS JOHANNESSEN,
geb. 1930

PFERDE IN **S**AC

EN UND **M**ÄRCHEN

Neben den berühmten Pferden der Edda gibt es unzählige andere in isländischen Volkssagen und Märchen. Riesen und Zauberrosse, Hellseherinnen und Hexer begegnen uns hier zwischen den Lavafeldern und reißenden Flüssen der Insel im Norden.

Der Begriff der Sage (Saga) bezieht sich im Isländischen aber nicht nur auf überlieferte Erzählungen weitgehend fiktiven Inhalts, sondern auch auf die Wiedergabe historischer Geschehnisse. Isländische Volkssagen aus den Sammlungen von Jón Arnason und anderen werden uns folglich auch noch im Kapitel »Geschichten von Menschen und Pferden« beschäftigen.

DIE DANKBARE RIESIN

Einmal waren achtzehn Schüler auf Fahrt durch die Sandebene am Flusse Skeiðará. Einer von ihnen blieb zurück und machte sich an seinem Pferde zu schaffen. Seine Gefährten ritten weiter. Sie sahen ein menschenähnliches Wesen auf dem Sand kriechen. Es war eine Riesin. Sie schleppte sich zu ihnen und bat sie, ihr über den Fluß zu helfen. Die Schüler lachten nur über sie und ritten über die Skeiðará, ohne sich um die Riesin zu kümmern.

Nun ritt der heran, welcher hinter seinen Kameraden zurückgeblieben war. Er hieß Þórarinn. Das Unglückswesen bat ihn um Geleit über den Fluß. Er war gleich dazu bereit, ihr zu helfen, wenn die Riesin sich nur getraue, aufs Pferd zu steigen, und der Gaul sie beide tragen könne. Sie kletterte aufs Pferd und setzte sich vor Þórarinn. So ritten sie durch den Fluß. Der Schüler fragte die Riesin, wohin sie wolle. »Ich möchte nur weiter den Fluß aufwärts in mein Gebiet. Gerne will ich dir einmal deine Hilfsbereitschaft lohnen. Ich kann dir verkünden, der kommende Winter wird ungewöhnlich hart werden. Wenn du zur Schule gekommen bist, so führe deine Pferde zu einem Hang oberhalb Skálholts. Ich werde deine Pferde bis zum Frühjahr pflegen. Wenn du wieder nach Hause reitest, so hole sie von dort, wo du sie zurückließt.« Der Schüler dankte der Riesin, und so schieden sie in Freundschaft.

Þórarinn holte dann seine Gefährten wieder ein. Sie machten sich über ihn lustig und spotteten, was er sich so lange bei dem hübschen Mädchen am Ufer der Skeiðará aufgehalten habe. Þórarinn ließ sich nichts anmerken. Nach ihrer Ankunft in Skálholt brachte er seine Pferde zum vereinbarten Platz.

Der Winter wurde grimmig. Als er sich dem Frühjahr näherte, waren die Pferde der Schüler umgekommen. Als die Zeit zur Heimfahrt herangerückt war, ging Þórarinn dahin, wo er seine Pferde zurückgelassen hatte. Sie standen dort angebunden und waren besser gehalten als im Herbst. Seine Mitschüler wurden neugierig und bestürmten ihn mit Fragen, wer denn seine Pferde gefüttert habe. Þórarinn hütete sein Geheimnis. Alle außer ihm mußten sich die Pferde zum Heimritt kaufen.

Isländische Volkssagen,
JÓN ÁRNASON

EIN PFERD ZEIGT MEHR MUT ALS SEIN REITER

In den ersten Jahrhunderten nach der Besiedlung Islands zogen manche Isländer mit Wikingern vom Festlande auf weite Fahrten zu fernen Küsten zum Handel und zum Raub. In den folgenden Jahrhunderten mangelte es den Isländern an seetüchtigen Schiffen. Dagegen wurden ihre Küsten das Ziel mancher Seeräuberschiffe.

Dazu gehört ein Ereignis, das in der isländischen Überlieferung als »Türkenraub« bezeichnet wird, allerdings fälschlich mit diesem Namen versehen. Es waren keine Türken, sondern Seeräuber von der Küste Nordafrikas, die Schiffe und Küsten überfielen. Da die Länder in Nordafrika dem türkischen Sultan untertan waren und die Namen der dort lebenden Völker weithin unbekannt blieben, wurde allgemein der Name »Türken« für die Seeräuber aus diesen Ländern gewählt.

In Island war die Ausbeute an wertvollen Gütern gering. Doch waren die Menschen selber eine Handelsware, die den Seeräubern Gewinn zu bringen versprach. So wurden z. B. im Sommer 1627 von den Vestmannaeyjar/Westmännerinseln 242 Personen geraubt und auf dem Sklavenmarkt in Algerien verkauft.

Im selben Jahr landeten die Seeräuber auch in Grindavík an der Südküste Islands, von wo sie zwölf Isländer und drei Dänen verschleppten. Die isländischen Bauern und Seeleute waren wehrlos, hatten nur geringe Möglichkeiten, sich gegen Überfälle zu verteidigen. Es blieb meist nur die Flucht als Rettung.

So berichtet eine Volkssage eine Episode von diesen Ereignissen, die mit einer Spur von Humor gewürzt dem isländischen Pferd eine Rolle als »Landesverteidiger« zuweist.

In Ísólfsskáli lebte ein alter Bauer mit seinem Sohn. Er besaß eine Fuchsstute. Der Sohn hörte davon, daß die Türken bei Grindavík ihr Unwesen trieben, und er bat seinen Vater um Erlaubnis, dahin zu reiten. Er wolle unbedingt die Fremdlinge sehen. Der Alte wollte nicht so recht den Sohn ziehen lassen. Nach langem Bitten und Drängen willigte er dann ein. Der Sohn solle sich aber nicht zu nahe an die Türken heranwagen.

So ritt der Sohn los und schaute zu, wie seine Landsleute sich mit den Türken schlugen. Da geschah es ganz überraschend, daß zwei der Fremdlinge nun auf ihn zustürmten. Er erschrak zu Tode und wandte schleunigst sein Pferd zur Flucht. Wie besessen hieb er auf seinen Fuchs ein. Rauðka jedoch rührte sich nicht schneller vom Fleck, als daß die Türken ihr nachlaufen konnten. Ja, es gelang ihnen sogar, das Pferd am Schweif zu packen. Da schlug Rauðka aus und traf die Verfolger an der Brust, so daß sie beide tot niedersanken.

Erst danach beliebte Rauðka sich in Galopp zu setzen. Dabei rannte sie nun so schnell, daß es dem Reiter wahrlich zu viel wurde. Doch unversehrt brachte Rauðka ihn heim.

Isländische Volkssagen,
JÓN ÁRNASON

Gruss aus dem Jenseits

Vor langer Zeit lebte ein Junge als Gemeindearmer auf einem Hofe im Meðalland. Die Hausfrau Valgerður war ihm zugetan und gut zu ihm. Der Bauer und seine Leute neckten ihn oft; sie fanden ihn einfältig und sonderlich.

Der Junge mußte, selbst bei schlechtestem Wetter, zum Strande gehen, um nach Treibholz zu suchen. Wenn in den Wintermonaten nichts anderes als Dorschköpfe ans Land getrieben wurden, er mußte auch diese sammeln und mit nach Hause bringen.

Einmal im Winter, bei Nordwind und beißendem Frost, wurde der Junge wieder zum Strande geschickt. Dem Meer entlang, auf dem Strandsee, erstreckte sich eine weite Eisfläche; in ihr lag eine freie Stelle mit hoher vereister Schwelle. Als der Junge an dieser stand, hörte er plötzlich Hufschlag und Pferdeschnauben. Er sah ein Pferd heranstürmen und an der Eisschwelle haltmachen. Das Pferd beugte den Hals nieder und versuchte zu trinken, aber es erreichte nicht das offene Wasser und erhielt so keinen Tropfen für seinen Durst. Das Pferd war in Schweiß gebadet, zitterte am ganzen Leibe, und der Schaum rann auf seine Brust nieder; Blut floß aus seinem Maule.

Der Junge nahm die Mütze vom Kopf und schöpfte damit Wasser für das Pferd, das mehrere Male gierig aus der Mütze trank. Dann schüttelte sich das Pferd, jagte hastig davon, und bald war es im dunklen Schauer den Augen des Jungen entschwunden.

Der Junge band sich ein Halstuch um die Ohren, um sie vor dem Erfrieren zu schützen; denn seine Mütze war steif gefroren. Er fand nur noch etwas Reisig am Strande.

Als er nach Hause kam, fragten ihn die Leute, warum seine Mütze so gefroren sei. Er erzählte, was geschehen war. Man lachte ihn aber nur aus und hielt ihn für einen Lügner. Der Bauer selber sagte zu ihm:

»Wenn das wahr sein sollte, was du berichtest, so zeigt das wieder mal, wie dumm du warst, dem ausgerissenen Pferde zu helfen. Das Pferd Moldi war im vergangenen Frühjahr von seinem Besitzer an einen anderen Bauern verkauft worden, und es ist ihm schon mehrere Male davongelaufen. Nun ist es wohl dem Pferde gelungen, ganz auszureißen. Du hättest dir damit, daß du den Gaul einfingst, eine gute Belohnung verdienen können und hättest als schneidiger Bursche gegolten. Aber du bist nur ein Dummkopf und wirst immer ein Gemeindearmer bleiben.« Und dazu gab der Bauer dem Jungen noch eins um die Ohren.

Im nächsten Frühjahr wurde er konfirmiert. Er war unter allen Jungen der kleinste an Wuchs und der kümmerlichste. Nach der Konfirmation ritten die Bäuerin Valgerður und er allein von der Kirche nach Hause. Das Wetter war mild. Da sagte Valgerður: »Als du zum Altar gingst, ward mir die Ahnung, einer von uns beiden werde nicht mehr viele Jahre leben.« »So wollte ich, daß ich nicht mehr zu leben brauchte, wenn du gestorben ist«, sagte der Junge.

»Und stirbst du vor mir«, fragte sie darauf, »willst du mich wissen lassen, wie es dir geht, mein Guter?«

»Wenn ich das darf«, gelobte er leise.

Im gleichen Jahre gab es viel Krankheit. Der Junge war schon lange kränklich gewesen. Er starb und war gerade so alt, daß er nun für sich selber hätte sorgen müssen.

Die Bäuerin Valgerður trauerte um ihn und dachte an sein bedingt gegebenes Versprechen.

Einige Jahre vergingen und Valgerður träumte nicht vom Jungen.

Da aber geschah es einmal um die Mittagsstunde, als Valgerður allein bei einer Arbeit zu Hause war, daß sie so schläfrig wurde, daß sie sich nicht mehr aufrecht halten konnte. Sie legte sich hin und träumte vom Jungen. »Gut ging es mir bei dir, Valgerður. Aber noch viel besser geht es mir jetzt. Und weißt du auch, warum? Es ist darum, weil ich das ausgerissene Pferd getränkt habe.«

»Wie lange mag das noch dauern, bis ich in die andere Welt komme?«, fragte sie.

»Das darf ich dir nicht sagen. Aber es ist nicht sicher, daß das noch so lange dauern wird.«

Im Winter darauf starb Valgerður.

Isländische Volkssagen,
EINAR GUÐMUNDSSON

DER HEXENRITT

Im Westlande lebte eine Frau, die jede Silvesternacht vom Bette ihres Mannes verschwand. Am Neujahrsmorgen lag immer ein Arbeiter auf ihrem Hofe tot auf seiner Liegestatt. Die Frau hatte nämlich eine Freundin weit weg im Ostlande, die sie besuchte. Dabei ritt sie den Arbeiter mit dem Hexenzaum und machte ihm so den Garaus.

Das geschah nun so oft, daß sich niemand mehr dort als Arbeiter verdingen wollte. Schließlich gelang es, wieder einen Mann auf den Hof zu bekommen. Er war in vielem sehr erfahren. Guter Dinge blieb er dort bis zum Ende des Jahres. In der Silvesternacht

erwachte er in seinem Bette. Ehe er wußte, wie ihm geschah, war die Frau zu ihm gekommen und hatte ihm den Hexenzaum angelegt. Damit war er in ein Pferd verwandelt, auf dem die Frau nun losritt. Sie war nicht lange Zeit unterwegs, bis sie weit ins Ostland zum Hofe ihrer Freundin gekommen war. Dort band sie das Pferd an den Türpfosten, ging ins Haus und blieb lange drinnen. Inzwischen konnte der Arbeiter sich den Zaum abstreifen. Er hielt ihn sodann in seinen Händen bereit. Als schließlich die Frau wieder aufbrach, hörte er sie beim Abschied noch zu ihrer Freundin sagen, daß sie öfter wiederzukommen

gedächte. Als sie ihren Kopf zur Tür hinausstreckte, legte ihr der Arbeiter geschwind den Zaum an. So war sie nun zum Pferde geworden, auf dem er davonritt.

Unterwegs stieg er auf einem Hofe vom Pferde, weckte den Bauern und bat ihn, ihm behilflich zu sein. »Es ist nämlich so«, sagte er, »ich habe meine Stute geritten, obgleich sie unbeschlagen ist. Ich will dich nun bitten, sie mit Hufeisen zu versehen, denn ich habe noch einen langen Ritt vor mir.« Der Bauer fand Hufeisen für die Stute, und sie beschlugen das Pferd. Der Fremde drang darauf, daß die Nägel möglichst tief in die Hufe getrieben werden sollten.

Dann verabschiedete er sich vom Bauern und ritt nach Hause. Dort gab er die Frau in ihrem Bette frei, nahm den Zaum von ihr und verwahrte ihn seitdem bei sich. Darauf legte er sich zufrieden zur Ruhe. Der Bauer wachte davon auf, daß er die Frau laut neben sich stöhnen hörte. In ihren Händen und Füßen waren Hufeisen genagelt. Sie wurden herausgeschnitten, und niemals erholte sich die Frau davon. Sie erhielt auch ihren Zaum nie wieder, so daß sie ihre Freundin nicht mehr besuchen konnte.

Brynjúlfur Jónsson

EIN WEICHER TÖLTER

Ein Mann hieß Bjarni. Er lebte auf Bjarg am Miðfjörður. Einmal ritt Bjarni auf seiner Stute Jörp nach Reykjavik und blieb dort über Nacht. Am nächsten Morgen stand er früh auf und beschlug Jörp mit Eisstollen, denn es war kalt und stürmisch geworden. Wie er schon auf dem Pferde saß, kam ein Mädchen mit einer Tasse Kaffee für ihn. Bjarni war aber so eifrig auf seinen Aufbruch bedacht, daß er das nicht bemerkte und die Stute zum Losritt antrieb. Das Mädchen konnte gerade noch die Tasse auf die Lende des Pferdes setzen. Die Bewegung von Jörp war so heftig, daß die Eisstollen an den Hinterfüßen im Stallboden stecken blieben. Doch ritt Bjarni auch so in einem Zuge bis Kalmanstunga. Dort stieg er vom Pferde und sah die Kaffeetasse auf der Lende von Jörp. Die Stute hatte einen so gleichmäßigen Gang, daß auch nicht ein Tropfen aus der Tasse verschüttet war. Dazu war der Kaffee noch so heiß, daß man ihn nicht heißer hätte trinken können.

Isländische Volkssagen,
ÓLAFUR DAVIÐSSON

Verschwiegene Verse

Der Bauer und Dichter Páll Ólafsson (1827–1905) besaß ein vorzügliches Reitpferd, Yngri Rauður (Der Jüngere Fuchs). Ein reicher Bauer bot Páll für dieses Pferd so viel, daß er der Versuchung nicht widerstehen konnte und seinen Jüngeren Fuchs verkaufte. Er bereute den Handel gleich darauf und für alle späteren Zeiten. Dazu bekannte er:

Meinen Fuchs gab ich jetzt preis
– freudlos wird das Leben.
So geht's dem, der arm sich weiß
und dem Trunk ergeben.

Der Gram um das verlorene Pferd wurde dadurch noch ärger, daß der neue Besitzer rücksichtslos mit Yngri Rauður umging. So geschah es einmal, daß der Reiter nach langem, scharfen Ritt das Pferd nicht in den Stall brachte. Er ließ hingegen das schwitzende Tier am Winterabend draußen. In der Nacht brach ein Unwetter aus, und Yngri Rauður lief vom Hofe. Am nächsten Morgen wurde er tot am Flußufer gefunden.

Dieses Ende verbitterte Páll sehr. Bald darauf fragte ein Bekannter ihn, ob er nicht eine Strophe auf den späteren Besitzer von Yngri Rauður gedichtet habe. Páll antwortete, daß dem so sei. Als er darum gebeten wurde, diese Verse zu sagen, erwiderte er: »Du wirst sie nicht zu hören bekommen. Sie sind so böse, daß sie niemandem zu Ohren kommen dürfen.«

Kurze Zeit darauf ertrank der Bauer, der seinerzeit Yngri Rauður von Páll gekauft hatte. Die Leiche wurde an der gleichen Stelle angetrieben, an der das Pferd gefunden worden war.

RAGNAR ÁSGEIRSSON

Die einfältigen Brüder

Es waren einmal drei Brüder. Sie hießen Gísli, Eiríkur und Helgi. Sie wohnten auf dem Hofe Bakki im Nordlande, und danach wurden sie die Bakkibrüder genannt. Über ihre Einfalt gingen viele Geschichten um, und die Leute sprachen von den Bakkitoren. Die Brüder erbten von ihrem Vater die Stute Brúnka. Sie hielten große Stücke auf dieses Pferd und waren stets um sein Wohlergehen besorgt. Als es einmal heftig stürmte, da befürchteten die Bakkibrüder, ihre Brúnka könne weggeweht werden. So nahmen sie Felsblöcke und schichteten diese um das Pferd. Sie beschwerten es dazu mit so vielen Steinen, als auf ihm Platz war. Brúnka wurde nicht weggeweht – sie stand auch niemals mehr wieder auf.

Isländische Volkssagen,
JÓN ÁRNASON

*E*in *V*olk der *R*

EITER UND **D**ICHTER

Der Isländer bedient sich der Lyrik, um seine Freude an den Pferden auszudrücken, aber mitunter auch um auf Mißstände hinzuweisen. Ausgerissene und ausgesetzte Pferde, die hungrig auf dem Hochland herumirren, sind dem Dichter genauso ein Thema wie alte, von ihren Besitzern zu Tode geschundene Tiere. So dienen die Verse der alten und neuen »Skalden« nicht nur zur Unterhaltung ihrer Leser, sondern werden ihnen auch Mahnung, die »Gabe der Götter« nicht zu mißachten.

HRINGUR

Hringur schnellt im Paß voran.
Harsch birst unter Eisen.
Am Huf es singt. Das Eis sodann
widerhallt die Weisen.

EINAR E. SÆMUNDSEN
1885–1953

KÚFA

Einem jeden, der sie reitet,
naht sein Glücksstern sich im Raum.
Leid verweht, das Leben gleitet
leicht dahin – ein schöner Traum.

PÁLL ÓLAFSSON

Die Beschäftigung mit der Dichtkunst war auf Island niemals ein elitäres Sonntagsvergnügen. Statt dessen galt es immer als Volkssport, möglichst aus dem Stegreif heraus Vierzeiler zu verfassen und vorzutragen. Begabte Dichter genossen hohes Ansehen und wurden oft gezielt darauf angesprochen, einem besonderen Ereignis ein paar Verse zu widmen. Häufig stand ein Pferd im Mittelpunkt solcher Anstrengungen, denn jeder wollte Namen und Eigenheiten seines Lieblingspferdes zumindest in einem Vierzeiler verewigt sehen.

Der Vierzeiler ist die klassische Form der isländischen Dichtung, und leider erweist er sich meist als unübersetzbar. Das liegt daran, daß der Dichter hier nicht nur mit dem Endreim arbeitet, sondern auch mit Binnen- und Stabreimen.

Dabei bedeutet »Binnenreim«, daß sich auch inmitten eines Verses Reimwörter finden, und »Stabreim« bezieht sich auf die Anfangsbuchstaben bestimmter Worte in den Versen. Ein Beispiel für diese Technik bietet dieser sehr frei und etwas holperig übersetzte Vierzeiler:

Wenn mein Ljoski paßt durchs Land,
löst sich fast das Eisen.
Ohne Rast durch Sumpf und Sand,
so ist voll Hast sein Reisen.

SO WÜNSCHT SICH SIGURJÓN SEIN PFERD

Ich nenn' für deine Absicht, mir
guten Mähnen-Wal zu dingen,
gewünschte Eigenschaften dir,
daß die Wahl mag wohl gelingen.

Mit Ehrgeiz, Temp'rament im Blut,
schön im Aussehn, vorn gedrungen,
schnellen Fußes, Gangart gut,
geschmeidig, Schritte nie mißlungen.

Der Rücken kurz und breit soll sein,
ganz besonders große Brauen,
die Ohren ruhelos und klein,
die Augen lebhaft schauen.

Die Mähne schmiegt in Reiters Hand,
zur Brust das Maul sich neige;
in scharfem Paßgang übers Land
der Körper sich gelenkig zeige.

Es laufe über steinig Land
zäh mit flinker Füße Griffe;
es wate durch den Fluß gewandt,
im Schwimmen gleiche einem Schiffe.

Daß Unbekanntes macht ihn scheu,
soll dem Pferde nie geschehen;
mit hohen Füßen, schnell wie der Leu,
mit Richtungssinn sei es versehen.

Gewölbt die Hufe, fest und glatt,
schlanke Schenkel, stark' Gelenke.
Wähl ein Pferd, das all dies hat,
und mit Sorgfalt das bedenke.

DIE GABE DER GÖTTER

Was ist ebenbürtig
auf der Erde dem Pferde?
Wirkten ein Werk die Götter,
welches noch diesem gleiche?
Gaben je die Götter
ein Gut den Menschen,
das im Dunkel des Lebens
diene gleich dem Pferde?

Wo konnten die Kämpen
Kühnheit reich erfahren?
Wo im Lande lernten
Löwenmut die Mannen?
Fluggeschwinde Pferde
Führer ihnen waren,
lehrten kühne Künste
Königssöhnen.

aus dem Gedicht: Über Blesi
MATTHÍAS JOCHUMSSON,
1835–1920

RÖDI

Deine Schritte, dein Gemüt
tausend Wunden heilen.
Nur in dir mir Freude blüht,
soll ich hier verweilen.

JÓN ÞORSTEINSSON
geb. 1859

STJARNI

Spröd' in mancher Hinsicht,
auf andere Weise lind,
achtet Stjarni darauf nicht,
ob die Pfade eben sind.

PÁLL ÓLAFSSON

VERSE FÜR ÖRN

Auch ein Trunk beflügelt nicht,
läßt Verse nicht gelingen;
was aus meiner Seele spricht,
das läßt Örn erklingen.

Stets an deinem leichten Gang
hab' ich Freud besessen;
ans Gute will ich denken lang,
Fehler nur vergessen.

EINAR E. SÆMUNDSEN,
1885–1953

DAS BESTE ROSS DER ERDE

Auf weitem Land im Paßgang eilt
beharrlich fort auf Wegen
das junge Pferd; im Bogen steilt
sein Nacken sich entgegen.

Des Rosses Gurte sind gespannt;
Glück wird es mir bringen.
Untern Hufen hallt das Land,
hell die Eisen klingen.

Niemals zeigt es Müdigkeit,
von Schlägen nicht getrieben.
Steine sprühen Funken weit,
unterm Huf zerstieben.

An Lebensfreud nichts übertraf
das beste Roß der Erde;
die Sorgen wieg' ich in den Schlaf
beim Ritt auf solchem Pferde.

SVEINN SVEINSSON,
1831–1899

MEIN LOGI

Wie ein Strahl auf daunenweichen Wolken tanzt,
so tanzest du, mein Logi.
Wie das Blinken des Schnees, der aufblitzt und leuchtend zerstiebt,
trugst du mich leicht und frei in das Land der Seligkeit.
Erfüllet war, was dein Herz und meins sich ersehnten,
beide vereint zu einem Strom.
Wir ließen geschwind die Welt in Kummer zurück,
wie himmlische Klänge und Lieder.

Von allem befreit, der Schönheit bewahrt, so flogen wir weit;
die stürzende Zeit stand still.
Vollendung allein ragt empor zur Wonne,
wo keiner nach Zeit und Raum mehr fragt.
Und vollendet, mein Logi, warst du. Dein Wille und deine Gaben
hoben aus quälender Enge vergänglichen Lebens mich
empor in das ewige Reich des Jungen und Starken,
das über dem irdischen Alltag schwebt.

UNNUR BENEDIKTSDÓTTIR,
1881–1946

SCHIMMEL IM MONDSCHEIN

*W*eiß,
weiß wie ein Flügel
meines ersten Traumes
ist seine Mähne.

Wie ein weiter, weiter Ritt
auf leinenweißem Pferde
ist des Menschen Leben.

Und der Todesbote krallt
mit dürren Fingern sich
fest an seine Mähne.

STEINN STEINAR,
1908–1958

FREUDE MEINES LEBENS

*G*las zerschellt, und Wein wird knapp,
Freunde auch versagen –
Blesi wird im sichern Trab
mich alle Wege tragen.

Es schlagen oft gar tiefe Wunden
die Krallen unsrer Welt.
Seit ich dieses Pferd gefunden,
mein Leben Freud' enthält.

STEINTROMPUR

*M*it Steintrompur zu ringen,
ist Prüfung und Mühe;
blindlings wie ein wilder Löwe
stürmt er und pocht die Erde;
müde werden die Arme,
verlangt es ihn zu rennen;
für ruhlos halten die meisten
dieses feurige Reitpferd.

BLÆNGUR

*B*længur weitet die Lungen,
läuft er im Paß mit Kraft;
so ohne Bedenken trabt keiner
über Stock und Stein wie er;
hoch wirft er die Brocken
um die Füße des Reiters;
es singt im Steine
wie in der Schleuder.

Pastor STEFÁN ÓLAFSSON,
1620–1688

JARPUR

Alter Jarpur ist es wert,
daß ihn Verse preisen.
Ebenbürtig konnt' kein Pferd
ihm sich je erweisen.

Tómas hat dich gleich begehrt,
als er dich erschaute;
der Arzt vermißt sein Lieblingspferd,
dir er voll vertraute.

Da war Heu, Geborgenheit,
Freude Dir gegeben.
Da war Sonne, Jugendzeit,
heiter war das Leben.

Jugend, wie die Eb'ne weit,
flieht mit Pfeilesschnelle;
doch das Alter, schon bereit,
führt zur Felsenschwelle.

Das, mein allerbestes Pferd,
meine Kunst nicht wende;
gleich dem Roß den Dichter kehrt
das Alter einst zum Ende.

Der Schütze hob Gewehres Lauf,
an deine Stirn ihn führte.
Deinen Mut gabst du nicht auf,
keine Furcht man spürte.

Endet, sprach ich leis zu mir,
so des Daseins Mühe?
Sei das dein Lohn, den man jetzt dir
undankbar verliehe?

Traurig wandt' ich mich nach Haus,
raunen hört' im Winde:
du halt' deinen Weg noch aus –
Jarpur Ruhe finde.

Wiedersehn wird uns gewährt
einst im Garten Eden.
Zwischen Mann und Hund und Pferd
führ'n verborg'ne Fäden.

MATTHÍAS JOCHUMSSON,
1835–1920

*Gleich ist's mir, ob Sonne schein',
Finsternis verhülle Wege,
wenn nur Moldi wartet mein
dort am jenseitigen Stege.*

INGIBJÖRG FRIÐGEIRSDÓTTIR

Noch bis in unser Jahrhundert hinein gehörte das Pferd auf Island zum Alltag. Der Umgang mit ihm prägte nicht nur den Inhalt verschiedenster Erzählungen und Gedichte, sondern auch die Sprache selbst. Unzählige Sprichworte und Redewendungen beziehen sich auf das Reiten und die Eigenarten von Pferden, und oft kommen darin gerade die besonderen Eigenschaften des isländischen Pferdes zum Ausdruck. Das bekannteste Bild dabei ist das des Mannes, der »im Paßgang reiten wollte«, dabei aber nichts zustande brachte. Gebraucht wird es für einen Menschen, der erfolglos hoch hinaus will.

Fügsame Menschen bezeichnet man in Island als »schweifgriffig«. Die Redewendung bezieht sich auf die vielen Pferde, die sich trotz anfänglichen Widerwillens sofort greifen lassen, sobald man ihren Schweif zu fassen bekommt. Meist wird sie in der negativen Form gebraucht. Wenn von jemandem gesagt wird, er oder sie sei nicht »schweifgriffig«, so schwingt meist Hochachtung dabei mit.

Angepaßte Bürger heißen auch »Schweifverknüpfte«, denn sie laufen mit der Masse wie einst das Packpferd, das man an den Schweif des vor ihm gehenden gebunden hatte. Von risikofreudigen Isländern sagt man dagegen, daß sie gern »über die Furt reiten« oder sich auf »knappste Furt« wagen. Flüsse wurden im alten Island nämlich schwimmend oder watend zu Pferde überquert, und das war oft ein lebensgefährliches Unterfangen.

Ein Kind, das auf Island ein Schuljahr wiederholen muß, »lahmt sich« aus der Klasse, und wenn seine Eltern nichts von modernen Erziehungsmethoden halten, so bezieht es dafür ein »Backenpferd« statt wie andernorts eine »Backpfeife«. Gute Schüler erweisen sich dagegen als »ein Pferd im Rechnen« oder in einem anderen Schulfach. »Leseratten« werden zu »Lesepferden«.

HESTAR – PFERDE

Jenseits des Gatters
an endlosen Tagen
stehn sorglose Pferde.
Gräser sie nagen.

Mal hebt sich ein Kopf
kurz, um zu schauen,
und senkt sich dann wieder
zum Kauen...

Handan við garðinn
í haganum naga
hestarnir þúfurnar
liðlanga daga

endrum og sinnum
þeir á mig líta,
byrja svo aftur
að bíta...

FRIÐRIK GUÐNI ÞÓRLEIFSSON

AUF DEM WEGE

*Herbstabend. Wegweite.
Die Lichter der Höfe erloschen
und alles verstummt.
Ein Bach nur zu hören,
ein Pferd, das schreitet
geraden Pfades
und im Dunkel mich trägt
über Hochlandheiden
meiner Väter
zu fernem Ziel.*

*Nichts gibt es zu fürchten.
Kühle steigt empor aus Schluchten,
und der Bach
rieselt in Senken
hinter mir.
Nichts gibt es zu fürchten.
Das Pferd weiß den Weg,
es strebt in die Nacht,
ein Stern an seiner Stirne.*

HANNES PÉTURSSON,
geb. 1931

49

EIN BLICK IN DIE ZUKUNFT

Jón Þorsteinsson hegte große Erwartungen, als die Geburt eines Fohlens
bevorstand. Auf das noch ungeborene Wunschpferd sprach er neben anderen
auch diese Strophen:

Kleiner Fuchs, des Sokki Sohn,
dein Leben weite sich im Raum.
Jetzt bist du eine Hoffnung schon,
ein noch unerfüllter Traum.

Einst wirst du ein schönes Pferd.
Erd' und Himmel treffen sich:
von Mutter Erde hier ernährt
mit Farben schmücken Strahlen
dich.

ISLÄNDISCHE SPRICHWÖRTER ÜBER PFERDE UND REITER

Oft wird ein Fohlen mit Fehlern ein gutes Roß.

Ein williges Pferd wollen die meisten reiten.

Ein gestohlenes Pferd läuft am besten.

Wer seine Pferde nicht wechselt, kommt nicht weit.

Wer einen anderen über den Haufen reiten will,
fällt oft selber vom Pferde.

Im Paßgang wollte man reiten –
ein Dreck wurde daraus.

Schwer ist es, einem heimstrebenden Pferde
Fesseln anzulegen.

Mühsam ist es, einem alten Gaul Gänge beizubringen.

Schlimm ist es, ungestüm wie ein Pferd und schwach
wie eine Maus zu sein.

GESCHICHTEN VON M

NSCHEN UND **P**FERDEN

Berühmte Männer und Frauen und ihre Pferde bestimmten die Geschichte Islands. Ihre Namen sind bekannt, und ihre Erlebnisse gingen in die Saga-Literatur ein. Oft wurden sogar Orte, Felsen und Moore nach ihnen benannt. So heißt z. B. der Flugumýri-Sumpf nach der Stute Fluga, der Siegerin des ersten Pferderennens auf Island.

Neben den großen Sagas um Landnahme, Þingritte und Kämpfe sind aber auch kleinere, weniger bedeutsame Ereignisse aus dem Leben der Menschen und Tiere überliefert. Die isländische Geschichte und Literatur ist reich an romantischen, abenteuerlichen und skurrilen Erzählungen, die das Leben auf der Insel zwischen dem 9. und 20. Jahrhundert dokumentieren. Sie verraten dem Leser viel über die Mentalität der Isländer und ihre Beziehung zum Pferd.

DIE SKÚLISTRECKE

*E*in Mann hieß Skúli. Auf dem Allthing wurde er zum Tode verurteilt. Es gelang ihm jedoch, von dort zu entfliehen. Eine große Schar seiner Widersacher verfolgte ihn. Sein Pferd aber war unübertrefflich, so daß er allen weit voraus war. Er ritt über Hofmannaflöt und Tröllaháls nordwärts ins Kaldidalur. Dort machte er kurze Rast, schüttete aus seiner Reiseflasche Wein in eine Steinmulde und rief seinen Verfolgern höhnisch zu, daß er ihnen damit für so zahlreiches Geleit danken wolle. Dann ließ er wieder sein Pferd in fliegender Fahrt einen der steinigsten und unebensten Pfade Islands dahinstürmen. Keiner konnte ihm folgen. So heißt dieser Pfad noch bis heutigen Tages die Skúlistrecke.

Als Skúli zu Hause vom Pferde stieg, fiel es nach dieser Überanstrengung tot zu Boden. Skúli hielt zu Ehren des Pferdes einen Gedächtnisschmaus, und er ließ es beisetzen.

Isländische Volkssagen
JÓN ÁRNASON

DIE GESCHICHTE VOM HIMMELS-FALBEN UND DEM ROSSDIEB

Es war im achtzehnten Jahrhundert, da lebte in Nordisland im Skagafjörður ein Bauer der Jón hieß und ein Sohn des Bjarni war. Jón war stark und zäh, gerissen und nicht wählerisch in dem, was er sich vornahm. Er liebte gute Pferde und war ein ausgezeichneter Reiter. Schon in seinen jüngeren Jahren soll er mal ein junges Pferd gestohlen haben, das in allen Gängen gleich gut war. Er tat das so, daß er dieses wertvolle Pferd in einer Erdspalte verborgen hielt. Dann machte er es so weit unkenntlich, daß er es nach einem Jahr als sein Reitpferd nutzen konnte.

Einem Bauern, der Þorvaldur hieß, kam ein Pferd abhanden, das auf dem Hochlande weidete. Sein Knecht fand später dieses Pferd bei einem anderen Bauern, der, nach der Herkunft dieses Pferdes gefragt, aussagte, er habe es von Jón Bjarnason gekauft. Nun wollte Þorvaldur, der eigentliche Besitzer, Jón verklagen, nachdem er sein Pferd wiedererhalten hatte. Doch da war das Beweisstück wieder verschwunden. So konnte nichts aus der Klage werden. Nach vielen Jahren fanden Leute Pferdeknochen auf einer steilen Anhöhe, wohin kaum Pferde gelangen konnten. Da wähnten die Leute, Jón habe dort das gestohlene Pferd umgebracht und an der Stelle verborgen, wo man es am wenigsten vermuten würde.

Wie die Leute glauben, soll Jón einmal einer Riesin begegnet sein, die ihn um Fisch bat, den er mit sich führte. Sie habe ihm versprochen, er werde niemals mit Erfolg angeklagt werden, was er auch unternehme.

So glückte es Jón auf mancherlei Weise, sich Schafe und Pferde anderer anzueignen, ohne daß er dabei ertappt wurde. So war das einmal auf dem Mosfell-Hochlande. Er ritt mit seinem Zug von Saumpferden an einem Zelte vorbei. Jón war immer schnell von Entschluß und handelte behende. Er ergriff einen Fuchs, warf Packsattel und Fischlast auf das Pferd und führte es mit sich in seinem Zuge von Saumtieren. Bald darauf sah er, daß drei Männer ihm eilends nachgeritten kamen. Jón sprang vom Sattel, nahm ein Stück Kreide aus seiner Tasche und malte damit eine Blesse auf die Stirn des gestohlenen Fuchses. Wie die Männer herangeritten und sich die Pferde besahen, da war ihr Fuchs nicht dabei. So wollten sie ihn in anderen Zügen von Packpferden suchen. Jón zog mit dem Fuchs nach Hause.

Mit verschiedenen Schlichen gelang es Jón immer wieder, Pferde zu stehlen. So kam das Gerücht auf, bei Jón sei der Braune zu vermuten, den ein Bauer vermißte. Als man das Pferd bei Jón suchen kam, da konnte er es noch vorher in einer Ecke seiner Küche verstecken. Er hing Säcke davor. Später verriet Jón, er habe Ängste ausgestanden, daß das Pferd nicht anfing zu wiehern, als die Leute suchen kamen.

Jón war von seinen Nachbarn vor der Haussuchung gewarnt worden, denn er war allgemein beliebt. Wenn er auch oft stahl, so war er andererseits sehr gutherzig und half vielen armen Leuten. Es konnte sein, daß er eine Kuh aus seinem Stalle nahm und sie dem schenkte, der seine verloren hatte und in Not geraten war. Jón und seine Frau Snjálaug zogen viele Pflegekinder auf, und sie erwiesen sich ihnen als die besten Zieheltern. So nahmen sie ein Mädchen namens Þórunn zu sich, die Tochter einer armen Witwe. Jón brachte ihr das Reiten und Zähmen von Pferden bei, so daß sie in der ganzen Gegend dafür bekannt wurde. Jón war nicht nur gut zu seinen Ziehkindern, sondern auch zu seinen Pferden. Sie waren bei ihm immer gut in Futter und im besten Zustande.

Zu der Zeit, als Jón auf dem Hofe Gröf im Skagafjörður lebte, war Skúli Magnússon Amtmann in diesem Landkreise. Skúli wurde in seinen späteren Jahren als Landvogt und »Vater der städtischen Siedlung Reykjavík« die bekannteste Persönlichkeit unter seinen Landsleuten. Dem Skúli waren einige Diebstähle des Jón zu Ohren gekommen, und er wollte als Kreisrichter die Fälle untersuchen. Es gelang ihm nie, Jón zum Verhör zu bekommen. Ritt er nach Gröf, fand er Jón nicht zu Hause vor. Man munkelte, Jón sei in allerlei Künsten bewandert. Der Amtmann bestellte Jón zu sich; doch Jón ließ auf sich warten. Skúli ließ ausspähen, wann Jón sicher zu Hause sei. Als er darauf nach Gröf ritt, um Jón dort anzutreffen, war er nirgends zu finden. Man sagte sich, Jón habe durch Sinnestäuschungen den Amtmann hinters Licht geführt

und sich unauffindbar gemacht. Skúli forderte Jón nun noch dringlicher auf, sich bei ihm in Akrar, dem Sitz des Amtmanns, einzustellen. Doch Jón ließ sich dazu Zeit. Er besaß einen Falben, der wegen seines Temperaments und vieler guter Eigenschaften sehr gerühmt wurde. Manche nannten ihn »Himmels-Falben«.

Es war schließlich im Herbst, da sattelte Jón seinen Falben und ritt nach Akrar zum Amtmann. Das Pferd wurde in einem kleinen Pferch vor der Haustür abgestellt. Der Amtmann bat Jón, in die Stube zu kommen. Er war angeheitert, setzte Jón einen Krug vor und ließ ihn sich gleichfalls daran gütlich tun. Nun begann die Unterredung zwischen beiden, und bald brachte der Amtmann seine Klagen gegen Jón vor. Jetzt konnte ihm der Bauer nicht mehr davonlaufen. Dazu hatte er im Hausgange Posten aufgestellt, die Jón nicht gesehen haben konnte. Rede und Widerrede wurden immer erregter und schärfer. Jón war nie um eine Antwort verlegen. Da rief der Amtmann: »Nehmt ihn fest, Burschen«. Da erwartete Jón nichts Gutes, packte den Krug und schlug mit der andern Hand nach dem Amtmann. Und schon war er, wie aus der Pistole geschossen, draußen. Sofort saß er auf seinem Falben, der über den Pferch hinaussprang und davonstob. Der Himmels-Falbe lief im Paß zum Flusse Jökulsá und sprengte über den vereisten Strom. Die Leute des Skúli sprangen auf ihre bereitstehenden Pferde und verfolgten in größter Eile Jón bis zum Fluß. Doch das Eis auf dem Gletscherstrom war keineswegs sicher genug, um auch nur ein Pferd zu tragen. Denn die

Leute sahen unter den Eisstollen des Falben das Wasser hochspritzen. Jón ritt im Paß den ganzen Weg bis zu seinem Hofe Gröf. Niemand folgte ihm.

Der Amtmann Skúli war großzügig, er wußte Mut und starke Charaktere wohl zu werten. Man sagte auch, es sei nicht ohne sein Wissen geschehen, daß ein Dieb aus seinem Gewahrsam in Akrar ausriß. Aber nun war Skúli doch erzürnt über Jón, und er wollte seiner habhaft werden. Das mißlang. Denn Jón wurde stets von seinen Nachbarn gewarnt. Das war der Dank dafür, daß er Armen beistand. Dazu hielt Jón immer zwei gute Pferde und einen Sattel für seine Flucht bereit.

Als im Sommer der Amtmann Skúli mit seiner Begleitung vom Norden zum Aløing ritt, begegnete er Jón, der wiederum mit seinem Zug von Lastpferden aus dem Süden des Landes nach Hause unterwegs war. Skúli und Jón trafen sich im Kaldadalur. Jón ritt seinen Himmels-Falben. Der Amtmann ritt an Jón heran und sagte nur: »Steige von deinem Pferde, Jón.« Da fügte sich Jón schweigend. Er nahm den Sattel vom Falben und legte ihn auf ein anderes Pferd. Skúli nahm sich den Himmels-Falben, und damit schieden sich ihre Wege. Noch lange besaß Skúli den Falben, und er wußte ihn wohl zu schätzen. Der Amtmann unterließ es von da an, die Klagen gegen Jón zu verfolgen, zumal er bald darauf sein neues Amt antrat.

Gísli Konráðsson

GLÜCK IM UNGLÜCK

Ein junger Bauer besaß eine Stute, die Ljóska hieß. Einmal war er mit seinen Brüdern und einigen anderen im Pferdestall. Sie hatten ein Gewehr bei sich und fummelten daran herum. Da ging auf einmal ein Schuß los und traf einen der Jungen. Man brachte ihn sofort zum Arzt; die Verletzung war geringfügig. Es wird dazu noch erzählt, daß der junge Bauer vor sich hingemurmelt habe: »Ja, das ging noch gnädig aus, daß der Schuß nicht meine Ljóska traf.«

Aus einem Zeitungsinterview mit
Þorgeir frá Gufunesi

GRANI UND DER BETRUNKENE

Sigurjón Sumarliðason berichtet von einem Erlebnis mit seinem Grani. Es war Winter, und es lag viel Schnee. Sigurjón ritt nach Akureyri und gesellte sich dort zu einigen Freunden, mit denen er bis in die Nacht hinein trank. Alle waren schon schwer bezecht, als Sigurjón beschloß, heimzureiten. Seine Freunde rieten ihm davon ab. Er fand aber keine Ruhe, holte sich Grani, setzte sich in den Sattel, und Grani kam gleich in volle Fahrt. Bei der Abzweigung von der Hauptstraße führte Grani diese Wendung mit so heftigem Schwung aus, daß der betrunkene Reiter diese plötzliche Richtungsänderung schlecht vertrug und in den Schnee fiel.

»Schlimm sah es nun für mich aus«, sagte Sigurjón, »ich hielt es für sicher, daß Grani nach Hause gelaufen wäre. Er tat das nämlich immer, wenn man ihn nicht mehr am Zügel hielt und er sich unse-rem Hof näherte. Trüb waren die Aussichten, in diesem Zustande nach Hause zu finden. Es war Frost und Schneetreiben, dunkle Nacht, ich war betrunken und hatte Schnee in den Augen. Immerhin versuchte ich nun, mich fortzube-wegen und in die Finsternis hinein-zuwagen. Das erste, worauf ich stieß, waren die Füße von Grani. Er stand wie angenagelt über mir. ›So‹, sagte ich, ›das will ich dir loh-nen.‹ Mit recht viel Mühe gelang es mir endlich, wieder in den Sattel zu kommen. Grani war wie verwan-delt. Dieses Pferd war sonst voll Temperament und immer darauf aus, so schnell wie möglich nach Hause zu kommen. Jetzt ging es nur im Schritt. Ich ließ ihn seinem Instinkte folgen. Derweil schlief ich ein und wachte erst wieder auf, als Grani plötzlich still stand. Da waren wir vor unserer Haustür angelangt.«

58

DER RITT ZUR HOCHZEIT

Pastor Þórleifur Skaftason (1683–1748) war bei seinen Landsleuten als eine starke und originelle Persönlichkeit bekannt. Eine der Geschichten, die man sich über ihn erzählte, ist die aus seinen jüngeren Jahren vom Gewaltritt zu seiner Braut.

Der junge Þórleifur hatte sich heimlich mit einem Mädchen aus dem Skagafjörður, Ingibjörg Jónsdóttir, verlobt. Die beiden liebten sich innig. Die Eltern des Mädchens dagegen hatten ihr einen anderen Mann bestimmt und die Hochzeit ihrer Tochter mit ihm bereits abgesprochen.

Als Þórleifur in Dänemark weilte, wohin er zur Hochschule hinausgefahren war, gelang es Ingibjörg, einen Brief an ihren Verlobten hinauszuschmuggeln. Sie schrieb ihm von dem Plane ihrer Eltern. Als Þórleifur diese Nachricht erhielt, da suchte er sogleich nach der nächsten Gelegenheit, nach Island zurückzukehren.

In Djúpivogur in Ostisland landete das Schiff, das Þórleifur in seine Heimat brachte. Er erkundigte sich, wo er ein verläßliches Pferd für seinen weiten Ritt ins Nordland kaufen könne. Er wurde an einen Kätnerhof verwiesen. Dort lebe eine alte Frau, die einen Schimmel besitze, er heiße Álft. Wenn ihm dieses Pferd vergönnt sei, dann könne er nirgends im Lande ein zuverlässigeres Pferd finden.

Þórleifur suchte die Alte auf und bat sie, ihm den Schimmel zu verkaufen. Viel stehe für ihn auf dem Spiel; in größter Eile müsse er einen weiten Weg zurücklegen. Die Alte sagte, es sei eigentlich nicht ihre Absicht gewesen, sich je von Álft zu trennen. Wenn aber für ihn so viel davon abhänge, könne sie ihm seine Bitte nicht abschlagen.

Die Alte führte den Schimmel vor das Haus. Es war ein großes und starkes Tier. Þórleifur erkannte gleich, daß man mit Recht ihm den Schimmel empfohlen hatte. Die Alte holte noch aus dem Hause eine Schale mit Milch und dazu Brot. Das Pferd genoß die Gaben.

Darauf wandte sich die Alte an Þórleifur: »Ich hoffe, er trägt wacker seinen Reiter. Ich glaube, seine Kraft wird ihn nicht verlassen, und ich wünsche dir, du erfreust dich seiner gut und lange.« Þórleifur dankte der alten Frau, verabschiedete sich und ritt davon, den Weg ins Nordland.

Fast ohne Unterbrechung ritt er Tag und Nacht, bis er in den Skagafjörður kam. Er erfuhr dort, es sei der Tag angebrochen, an dem Ingibjörg und der ihr bestimmte Bräutigam Hochzeit halten sollten. In Hólar werde das Fest gefeiert. Þórleifur ritt auf seinem Álft in Hólar ein, als die Gäste beim Hochzeitstrunke saßen. Þórleifur ging in die Stube und trat zu dem Manne, der an Ingibjörgs Seite saß. Er packte den Nebenbuhler an den Schultern, schleuderte ihn von der Bank und setzte sich zu seiner Braut, indem er sagte: »Das ist mein Platz und nicht deiner, Bursche.«

Isländische Volkssagen,
JÓN ÁRNASON

EINE TRAUERFEIER FÜR JARPUR

Es war am sogenannten Ersten Sommertag des Jahres 1870, daß auf dem Hofe Grund in Nordisland Guðmundur Þorsteinsson von seiner Mutter ein braunes Fohlen zum Geschenk erhielt. Der Knabe hatte für die ihm anvertrauten Lämmer und den bei diesen untergebrachten kleinen Jarpur gut gesorgt. Die Mutter gab Guðmundur dieses »Sommergeschenk« mit der Bedingung, daß er das Pferd nie weggeben solle. Guðmundur versprach das, und er hat sein Wort gehalten, selbst dann, als ihm später einige Male ganz ungewöhnlich hohe Preise für dieses ausgezeichnete Pferd geboten wurden.

Einmal kam Guðmundur mit Jarpur zu einem Rennen, das in seiner Gemeinde veranstaltet wurde. Als er erfuhr, der erste Preis sei eine Peitsche, fand er das so geschmacklos, daß er seine Teilnahme am Rennen zurückzog. »Für Jarpur brauche ich keine Peit-

sche.« So waren Guðmundur und Jarpur.

Im Herbst 1895 beschloß Guðmundur, Jarpur töten zu lassen. Seine Arbeiter hoben an der Wiese nahe vom Hofe ein Grab aus. Die Bäuerin ging noch einmal zu Jarpur in den Pferdestall; sie brachte ihm einen Eimer mit Milch. Keiner war Zeuge des Abschieds, den die Bäuerin von diesem Pferde nahm.

Der Bauer und seine Frau hießen die Gäste willkommen, die nach Holt geritten waren. In der Stube und in den anderen Räumen wartete man dann, bis ein Schuß ertönte. Jemand sagte: »Das ist nun vorbei.« Es war still unter den Anwesenden. Da bat Guðmundur die Gäste, zum Grabe seines Freundes zu kommen.

Als erster ergriff der Pastor Stefán Jónsson das Wort. Seine Rede war dem Sinne nach folgende: er dankte Gott für die guten Gaben,

die er uns beschere. Sie zeigten sich unter anderem auch in schönen Pferden. Im Namen des Bauern und seiner Nächsten, auch in seinem eigenen und dem der Landsleute aus der Gemeinde, gedachte er mit Dankbarkeit und Verehrung dessen, der im Grabe ruhe. Mit wohlgewählten Worten nahm der Pastor Abschied von dem Stolz der Landgemeinde und dem Schmuck dieses Hofes.

Am Grabe Jarpurs wurden noch von drei Männern Nachrufe in schönen Versen gesprochen. Anschließend luden Bauer und Bäuerin die Gäste zum Gedächtnismahl mit Rauchfleisch und Punsch.

Es wird wohl einzigartig in der Geschichte sein, daß ein ordinierter Geistlicher eine Rede und Abschiedszeremonie über ein totes Pferd hält. Aber so hoch wurden Jarpur und sein Ruhm bewertet.

ÁSGEIR JÓNSSON

Ein Pferd mit Verstand

Wie es ihm mit einem eigenwilligen Pferde erging, erzählt der Landpostbote Pétur Sigurðsson:

Ich befand mich auf einer Postfahrt entlang dem Berufjörður. Drei Pferde hatte ich mit mir. Auf dem Hofe Urðarteigur füllte ich einen Sack mit Heu. Eines der Pferde richtete seine ganze Aufmerksamkeit auf den Sack und drängte mit aller Gewalt an das Heu heran. Ich wollte ihm zunächst keines geben, sondern erst später, weiter unterwegs. Doch da wandte sich der Gaul einfach um, trabte hinaus ins Meer und begann zu schwimmen. Nun war die Lage heikel für mich, denn gerade dieses Pferd trug die Posttasche. Mit Entsetzen schaute ich zu. Doch was sollte ich dagegen tun? So lief ich los, um mir auf dem Hofe Hilfe zu holen. Als ich bereits ein Stück gerannt war, blickte ich mich noch einmal um. Und was sehe ich da? Das Pferd hat kehrtgemacht und nähert sich wieder dem Lande. Was war ich da wohl glücklich.

Ich wußte, das Pferd wollte mich einfach necken, zur Rache dafür, daß ich ihm nichts hatte vom Heu geben wollen. Das war ein tückischer Satan. Ich behaupte daher, sie haben Verstand, diese Tiere. Ich war immer gut zu meinen Pferden. Das lohnt sich auch.

»Lebensgefahr«

Die Stute, ein Brandfuchs, war ihrem Äußeren nach ein ausgesprochen stattliches Pferd. Aber den Ausdruck in ihren Augen beobachtete ich mit gemischten Gefühlen; er verhieß keine reinen Freuden. Auch die Farbe der Stute war nicht rein. Ich nannte sie Kemba, einen schönen Faden wollte ich damit spinnen.

Wie ich es schon vorher mit anderen Pferden getan hatte, so brachte ich sie zum Zureiten zu Fachleuten. Ich sah weder Leistungen noch Methoden dieser Schule, die der dortige Reiterverein unterhielt. Als die Bereiter mir Kemba ablieferten, da folgte ihr ein Steckbrief, der gut im Gedächtnis haftete: »Es ist lebensgefährlich, die Stute zu zäumen. Es ist lebensgefährlich, sie zu satteln. Es ist lebensgefährlich, sie zu reiten.«

Es fehlte nicht viel und ich hätte die Stute »Lebensgefahr« genannt. Aber seinen Namen wenigstens darf auch ein Pferd besitzen. So beraubte ich Kemba nicht des Namens, den sie nun einmal erhalten hatte.

Ich ritt sie dann selber einige Male. Mit den Lebensgefahren wurde es besser; denn bald legte sie, zunächst wenigstens, ihre Tücken ziemlich ab. Ich hatte aber keine Zeit, mich mehr mit ihr abzugeben. Später verkaufte ich sie, und der Käufer hatte sie probiert. Ich sagte ihm, daß sie Tücken gezeigt habe, und ich versprach auch nicht mehr, als daß ich hoffte, ihre Tücken ausgetrie-

ben zu haben. Das war meine Ansicht.

Später verfiel sie wieder auf ihre alte Tour. Der Mann, der sie von mir gekauft hatte, wurde sie an einen anderen los, der sich mehr zutraute und neugieriger war auf den Charakter von Pferden. Und das Resultat: Etwas mißfiel ihr auch dort, und zwar so, daß sie das zum Ausdruck brachte. Gegen Ende des Winters war ihr Leben abgeschlossen. Viel hatte sie zu ihrem Todesurteil beigetragen: Vor-

her durchaus taugliche Gebißstangen hatte sie unbrauchbar gemacht, und sie hatte den guten Ruf einiger Reitersleute untergraben. So wurde sie im Winter verspeist. Auf daß ihr ganzes Leben stilecht verlaufe, fehlte es nur noch, daß man berichtete: der Verzehr ihres Fleisches sei denen schlecht bekommen, die sich an ihm laben wollten.

Sigurður Jónsson frá Brún,
1898–1970

LIEBE AUF DEN ERSTEN BLICK

Símon Teitsson erzählt:

Es ist eine sonderbare Geschichte, wie ich zu dem Pferde kam, das ich jetzt besitze. Vergangenen Herbst war ich in Snartarstaðir und ging mit anderen zusammen in den Pferdestall. Dort stand ein Rappe. Wie wir hineinkommen, da prustet er uns an, reckt sich empor und läßt uns nicht aus den Augen, solange wir im Stalle sind. Das war ein Sohn von Skuggi, sechs Jahre alt. Nun ja, dann geht es wieder nach Hause, wie das Gesetz es befiehlt. Aber das Pferd, es kommt mir nicht aus dem Sinn; es hält mich die ganze Nacht wach. Am Morgen rufe ich in Snartarstaðir an. Ob das Pferd nicht zu haben sei? Nein, das kommt nicht in Frage.

Nun ist nichts Weiteres darüber zu sagen, bis zur vorigen Woche. Da rufen sie von Snartarstaðir an: nun könnte ich den Rappen haben. Ich frage, ob was passiert sei. Ja, gestern wollte der Eigentümer auf dem Pferde Schafe eintreiben. An einem Gatter mußte er absitzen, und auf keine Art kommt er wieder aufs Pferd. Er quält sich und müht sich vergeblich. Schließlich entwischt ihm der Gaul. Nach vielem Hin und Her gelingt es dann, das Pferd woanders einzutreiben.

Ich bedachte mich nicht; ich wußte, was ich wollte. Ich nahm mir ein Auto, und am gleichen Abend holte ich den Rappen.

Für mich ist es ein gutes Pferd.

Brautwerbung auf isländisch

Der Bauer Þorgeir aus Gufunes erzählt von vergangenen Zeiten:

Pferde können für vieles nützlich sein. Ich will mal eine Geschichte dazu erzählen. Vor vielen Jahren kaufte mein Bruder Gústi die Stute Fluga, ein erstklassiges Pferd. Damals gab es noch keine Autos, und es war nicht gleich, auf was für ein Pferd man Mädchen zum Reiten einlud, ob es ein gutes Roß oder nur ein kümmerlicher Klepper war. Wir sind drei Brüder, deren Verlobung nur durch Fluga zustande kam. Zuerst war es Gústi, dann Nonni und schließlich ich. Mein jüngster Bruder hat nie Fluga besessen. So dauerte es bei ihm viel länger, bis er sich eine Frau holte. Er brauchte ein Auto dazu. Ich glaube, eine Ehe, die auf dem Pferderücken begründet wurde, ist viel haltbarer als solche neumodischen Autoehen. Und nirgends ist eine Frau so schön als zu Pferde, ausgenommen – vielleicht – in der Erinnerung.

Matthías Johannesson

DIE ABBITTE

Ich war Benedikt in sein kleines, armseliges Kellerzimmer gefolgt. Wir tranken Kaffee, und er erzählte von vergangenen Tagen.

Ein großes Fell an der Wand weckte meine Neugierde. Ich fragte Benedikt: »Ist das das Fell von einem Tier, das du mal selber besaßt?«

Er fuhr zusammen, sah mich unwirsch an und erwiderte schroff: »Es ist ganz zwecklos, darüber zu reden. Ich gebe es nicht her.«

Ich beteuerte, es käme mir gar nicht in den Sinn, es erwerben zu wollen. Allerdings könne ich es mir vorstellen, daß manche dieses Fell begehrt hätten. Ich wüßte nur gerne, von wem das Fell sei.

»Ja, manche wollten es haben. Doch niemals soll auf ihm herumgetrampelt werden.«

Dann verstummte er, grübelte. Schließlich blickte er auf und fragte: »Hast du mal ein Pferd besessen?«

»Ja, zu Hause, als ich ein Junge war. Einen Braunen. Ich hing sehr an ihm. Doch nun, seit ich in die Stadt zog, da ist nicht mehr viel los mit Pferden bei mir.«

»Du besaßest also mal ein Pferd. So verstehst du vielleicht, wie es mir erging. Begreife doch, mein Faxi erwies sich für mich besser als die meisten Menschen. Er verstand mich – auf seine Weise. Wie vergalt ich ihm seine Treue? Schmählich habe ich versagt. Man sagt wohl: einmal muß jeder in die Grube. Sicher, und besser ist es zu sterben, als in Feindeshand zu fallen. Ich hoffe, er vergibt mir, mein Faxi, was ich ihm antat. Es war aber meine Schuld, daß es so kam.«

»War das ein starkes Pferd?«

»Stark? Das kannst du mir glauben. Kräfte hatte er. Und er hatte Verstand. Wenn alle, die Sprache haben, seinen Verstand und seine Treue hätten, ja, dann stände es besser um uns.«

»Bestandest du oft Gefahren auf ihm?«

»Ob ich sie bestand? Nein, er bestand sie mit mir. Häufig waren damals die Ritte über das Hochland Kleifaheiði. Das war noch, bevor die Motoren knatterten. Oft mit schweren Lasten. Ich war nicht immer rüstig für den Ritt. Doch was brauchte ich mir für Sorgen zu machen? Faxi schaffte das alles. Das war natürlich nicht immer so; aber es kam vor, daß ich mich noch oben drauf setzte, wenn ich nicht mehr mit ihm Schritt halten konnte, nicht Weg, nicht Richtung mehr wußte, betrunken aus der Stadt kam. Überfiel uns ein Schneetreiben, daß ich nicht mehr aus den Augen schauen konnte, der Pfad, alles rings um uns verschneit, tief verweht, da ruhte mein Leben in seiner Hut. Er trug schon viel auf seinem Saumsattel. Doch was blieb mir anders übrig? Ich rettete mich auf ihn, kroch zu ihm hinauf. Und er? Unermüdlich stapfte er den Weg voran, trug die Lasten und mich, kämpfte sich durch Schneewehen und Sturm. Oft stöhnte dann Faxi tief auf, doch beharrlich schritt er weiter. Ich sah nichts, schaute nicht, wohin er ging, wußte aber, ihm konnte ich vertrauen. Nichts anderes konnte mir helfen. Und nach Hause brachte er mich. Ja, das waren *seine* Ritte mit mir.«

»Besaßt du noch andere Pferde?«

»Einige Klepper, vorher und nachher. Aber kein Pferd außer ihm.«

»Dann verlorst du ihn?«

»Verlor? Ja. Nein, ich verlor ihn nicht, werde ihn nie verlieren. – Da waren Schulden, Schulden im Laden. Branntwein und alles Mögliche andere. Schließlich kamen sie heraus, der Faktor Jónas und solch ein Rechtsverdreher. Sie schrieben alles auf bei mir, beschlagnahmten es. Die Schafe, die sollten sie ruhig haben, auch das Boot. Guðmundur hatte es gebaut; ich wußte, er würde mich nicht ohne Boot, mich nicht im Stich lassen. Aber Faxi – den konnte mir niemand ersetzen. Er sollte zur Begleichung der Schulden zugeschlagen werden – was ich auch dagegen vorbrachte. Es ist nicht weit her mit der Nachsicht unter den Menschen. Sie sagten einfach, ich könne ihn gut entbehren; irgendwer würde mir schon ein Pferd leihen, bis ich ein anderes hätte. Der Faktor Jónas war scharf auf ihn, das wußte ich. Was er in seinen Fängen hielt, entwischte ihm nicht mehr. Da sagte ich zu mir: Schluß. Niemals soll Faxi in die Hände der Räuber fallen, solange ich mich rühren kann. Es war Nacht, helle Frühjahrsnacht. Es hatte begonnen zu grünen und zu sprießen. Ich lud mein Gewehr. Er war am Rande der Wiese, erblickte mich und kam wiehernd auf mich zugelaufen...«

Benedikt verstummte, senkte den Kopf, mit geschlossenen Augen. Rauh war seine Stimme, geborsten, als er wieder anhob zu sprechen.

»Sie schimpften mich einen Dieb, ich hätte keinen Teil mehr daran, was beschlagnahmt wäre. Sie setzten mich aber nicht fest, ließen es dabei bewenden. Ich könne getrost nun auf ihm herumtrampeln. Ich war fertig.«

Ganz langsam erhob sich Benedikt, blickte schweigend um sich, als ob er sich auf etwas besänne. Dann wandte er sich zum Bett, langte zur Wand, nahm behutsam das Fell, als ob es ein zerbrechlicher Gegenstand wäre. Er legte es auf seine Knie und strich leicht darüber hin.

»Du hast mal ein Pferd besessen«, sagte er dann.

Er breitete das Fell vor sich aus; grau war es, und es glänzte.

»Das muß ein großes Pferd gewesen sein«, bemerkte ich, um nur irgend etwas zu sagen.

»Er war außergewöhnlich, in jeder Hinsicht. Ich zog ihn selber auf.«

Dann entzog sich Benedikt meiner Gegenwart, wurde mir ferner und ferner. Das Fell lag auf seinen Knien, wie liebkosend fuhr seine Hand darüber hin. Seine Stimme klang nun voll und mild.

»Mein Faxi, höre mich an, mein Pferd. Du vergibst mir doch, was ich getan habe. Du konntest immer vergeben. Und jetzt – ja ich komme bald. Dann wieherst du mir entgegen, wie du es immer tatest – auch das letzte Mal, als ich … Nein, Faxi, nein, ich hinterging dich nicht, damals. Niemals hättest du dich bei andern wohlgefühlt. Es lohnte sich einfach nicht, das zu versuchen. Erinnerst du dich noch daran, wie ich dich Guðmundur in Hrólfsstaðir lieh? Nur einige Tage solltest du bei ihm bleiben. Doch was tatest du? Gleich am nächsten Morgen warfst du den Jungen ab, der dich von der Weide holte. Geradewegs ranntest du heim zu mir. Laut wiehertest du, als du nach Hause kamst. Nein, Faxi, es blieb nichts anderes. Sie hätten dich einsperren, dich binden müssen. Doch ohne Freiheit konntest du nicht leben, du nicht. Nun wollen wir ruhig warten, mein Faxi, nur noch eine kurze Weile warten.«

Ich horchte wie ein Lauscher hinter der Tür. Benedikts Worte galten schon lange nicht mehr mir. Ich erhob mich still und schlich hinaus.

Aus der Erzählung »Wahre Freunde«
von Þórleifur Bjarnason,
1908–1981

Der Landpostbote und seine Pferde

Jóhannes Þórðarson beförderte um 1900 Post im Nordwesten Islands.
Er berichtet folgende Erlebnisse mit seinen Pferden auf Postfahrten.

Einmal ritt ich im März, als es schon spät am Tage war, vom Hofe Bær im Króksfjörður in die Gemeinde Reykhólahreppur. Das Wetter verdunkelte das Land so mit Schneetreiben, daß kein Fleck sichtbar war und man kaum weiter konnte. Mit mir waren noch einige andere Männer auf dieser Fahrt. Als es stockfinster geworden war, beunruhigten sich einige der Begleiter sehr. Man konnte nichts mehr sehen, und dabei mußten wir durch tiefen Schnee.

Diejenigen, die sich dort auskannten, waren davon überzeugt, ich und mein Pferd Krummi hätten die Richtung verfehlt und wären zu sehr nach links geraten. Ich bat sie, ihr Leben nicht meinetwegen aufs Spiel zu setzen, wenn sie Krummi und mir nicht vertrauten. Ich ritte jedoch nicht anderswohin, als nur meinem guten Gaule nach. Er habe schon so oft die Höfe gefunden, in Schneegestöber und Finsternis, wo mein Wissen und Können versagt haben.

Einer der Männer trat an Krummi heran und wollte ihm die gerade Richtung auf die Berge weisen. Krummi war nicht dazu zu bewegen, die Richtung zu ändern, und ich bat den Mann, dem Pferde seinen Willen zu lassen. Darüber gab es noch längeren Wortwechsel, aber langsam kam der Zug voran, bis ich merkte, daß Krummi uns durch das Wiesengatter auf dem Hofe Kinnastaðir führte. Ich ließ mir das nicht anmerken; die anderen sahen das nicht. Da blieben bald Krummi und die anderen Pferde stehen. »Wo sind wir nun?« »Krummi weiß nicht weiter.« »Das wird bitter kalt, hier die Nacht über zu hocken«, so ließ es sich bei den Männern vernehmen. Sie standen mutlos da, bis einer nur einige Schritte von uns Licht im Küchenfenster von Kinnastaðir entdeckte. »Hier ist Licht«, rief er aus, und allen fiel ein Stein vom Herzen. Nun wußten sie es, daß sie nicht draußen zu liegen brauchten. Drinnen in der Stube waren alle frohen Mutes, aber keiner vermochte es sich selbst zu verdanken, daß er den Hof gefunden habe.

Hätten wir nicht das Pferd uns führen lassen, müßten wir alle in den Schneewehen liegen. Leitpferde können unglaublich orientierungssicher sein. Sie besitzen Mut und Verstand, und ihnen ist mehr zu vertrauen als jedem Menschen, besonders in Finsternis und schlimmstem Wetter. Überläßt man ihnen die Entscheidung, so finden sie die Höfe, wenn auch die Menschen sich über die Richtung im unklaren sind oder auch gar keinen Ausweg mehr wissen.

Einmal ritt ich über das Þorskafjörður-Hochland, bei Nordsturm, Schneetreiben und Frost. Ein Mann, der mit uns war, wurde so krank, daß er nicht mehr gehen noch reiten konnte. Wir gelangten noch gerade zur Schutzhütte; dort gedachten wir, zu warten, bis der Mann entweder wieder genügend rüstig werde oder sterbe. Doch die Schutzhütte war voller Schnee und das Bleiben dort auf die Dauer nahezu unmöglich. Wir

gruben den Kranken in den Schnee, nachdem wir ihn mit dem eingehüllt hatten, was uns gerade zur Verfügung stand. Er schlief ruhig und war wieder frischer, als er erwachte, aber doch noch zu schwach, um weitergehen zu können. Wir saßen etwa vier Stunden in der Hütte. Eine dicke Schneedecke lag über dem Hochland, alle Steinwarten waren zugeweht. Wir saßen auf unseren Kisten, die wir von den Pferden genommen hatten, oder wir gingen etwas hin und her, um uns warm zu halten. Wenn ich mich setze, kam mein Krummi zu mir und brach sich an meinen Knien die Eiskrusten von seinem Maul. Dann schaute er in die Richtung, die wir weiterzureiten hatten. Seine Ohren waren in steter Bewegung.

Als der Kranke meinte, weiter zu können, banden wir wieder die Lasten auf die Pferde. Krummi wartete auf keine Aufforderung mehr, sondern ging gleich los.

Ich konnte ihn nicht sehen; Dunkelheit und stühmender Schnee hüllten ihn ein. Doch wir hatten uns nicht darum zu sorgen; wir brauchten nur Krummi zu folgen. Es gab keinen Halt, bis ich auf Krummi stieß; da waren wir an einem Schuppen auf dem Hofe Bakkasel angelangt.

Am nächsten Tage war das Wetter noch ärger, und es ist nicht ausgemacht, wie das mit uns geendet hätte, wenn wir die Nacht auf dem Hochlande hätten verbringen müssen.

In einem Herbst ritt ich, wie ich das oft tat, über das Hochland. Ich war mit drei Pferden. Es lag nicht viel Schnee, und es fror hart. Die Flüsse führten viel Wasser und waren schlecht zu überqueren. Als ich an die Flußgabelung kam, die zum Langadalur führt, sah ich dort so viel Wasser, daß wir kaum hinüber könnten. Ich suchte mit einem Stock nach einer Stelle, die überschreitbar wäre, fand aber keine. Da entschloß ich mich wieder umzukehren, so mißlich das auch an und für sich war. Wie ich nun die Pferde wenden wollte, sprang Krummi in den Fluß. Ich sah ihn schon im losen Eise versinken. Kaffon stapfte hinterdrein, und schließlich kam ich auf dem Pferde Gára. Bis zur Körpermitte wurde ich naß, aber wir kamen hinüber. Auch beim Högnafluß schritt Krummi, ohne zu zögern, in das Wasser, so angeschwollen der Fluß auch war. Und wieder fürchtete ich, Krummi zu verlieren. Doch mit der Kraft eines Riesen kämpfte er sich über den Fluß, und wir folgten ihm nur. Ich war naß und dann so steif gefroren, daß ich nicht vom Pferde konnte; ich hätte auch nicht mehr heraufgekonnt. Ich war steif wie ein Einbaum, und an den Pferden sah man unter dem Eispanzer nicht die Gelenke.

Als wir schließlich in Bakkasel eintrafen, kam der Bauer Guðmundur vors Haus und sagte: »Nun scheint es mir, du und deine Pferde brauchen Schutz im Hause.« »Nicht nur das«, sagte ich, »ich komme nicht mehr ohne Hilfe vom Pferde.« Guðmundur hob mich vom Pferde und trug mich ins Haus. Dort konnte ich mich ausruhen. Die Pferde kamen in den warmen Stall und erhielten gutes Futter.

Am nächsten Tag ging es weiter.

Erstaunlich war es, wieviel mehr als ein Mensch Krummi wittern konnte. Es nütze keinem, den Versuch zu machen, ihn zu dem zu zwingen, was er für undurchführbar hielt. Wiederum brauchte man nicht das Eis auf seine Sicherheit zu untersuchen, auf das Krummi ohne Bedenken ging. Niemals ließ sich Krummi auf das ein, was er nicht für sicher hielt, so aussichtslos das auch anderen erscheinen mochte.

Ich besaß Krummi und Kaffon siebzehn Jahre. Da waren sie 23 Jahre alt geworden, Fremde hielten sie für etwa zwölf Jahre alt. Ich ließ sie beide zur gleichen Zeit erschießen. Ich werde sie nie vergessen, solange mein Gedächtnis überhaupt anhält. Ich vermisse sie wie verstorbene gute Freunde.

GEWOHNTE SCHWÄCHEN

Auf einer Wahlversammlung hielt ein angesehener Bauer eine originelle Rede, in der er Folgendes ausführte:

Ich halte es für das Richtigste, die Đingabgeordneten zu behalten, die wir jetzt haben.

Ich besitze ein Pferd, das faul ist, auch ist es lahm, störrisch und unzuverlässig. Das ist jedoch ein Pferd, dessen Fehler ich kenne, und ich will es nicht mit einem anderen tauschen. Denn es kann gut sein, daß ich an seine Stelle ein noch schlechteres erhalte.

Ähnlich liegt das auch bei den Đingabgeordneten.

MONSIEUR FUCHS

Gísli Guðnason, geb. 1760, war Bauer in Reykjakot im Südlande. Er besaß viele ausgezeichnete Pferde. Eines übertraf alle. Das war ein Dunkelfuchs, der Reykjakot-Sóti. Gísli zog ihn mit Milch und bestem Heu im Winter auf; im Sommer ließ er ihn auf der Hauswiese grasen, wie das Pferd es wollte. Der Bauer nannte seinen Sóti oft im Spaß »Monsjer Sóti«. Das Pferd wurde ausschließlich zum Reiten verwandt. Im ganzen Kreise und darüber hinaus war es bekannt für seine hervorragenden Eigenschaften, als klug, zuverlässig, ausdauernd und schnell.

Der Bauer wußte sein Pferd zu schätzen und das Pferd seinen Herrn. Als Gísli mal unterwegs war, gesellte sich ein Nordländer zu ihm. Sóti war nicht groß von Wuchs. Der Fremde machte sich sehr wichtig als Pferdekenner und fragte spöttisch: »Ist das der vielgerühmte Reykjakot-Sóti, dieser verfluchte Klepper, den du da reitest?« Gísli sagte nur: »Ja, das ist er und kein anderer.« Schließlich erlaubte Gísli dem Fremden, seinen Sóti zu reiten. Nur einen Hieb versetzte der vorwitzige Reitersmann dem Pferd, und Sóti raste los. Er war nicht zu halten; der Reiter klammerte sich in Todesangst ans Pferd; er wagte es auch nicht, in dieser fliegenden Fahrt, sich vom Pferde zu werfen. Als Sóti bei einem Hofe angelangt war, wo Gísli öfter einkehrte, blieb er mit einem Ruck stehen. Überglücklich war der Reiter, als er endlich absitzen konnte. Er mußte wieder zurück zu Gísli, um das Pferd abzuliefern. Nun zog er es vor, den Sóti am Zügel zu führen. Alle, die das sahen, hatten ihren Spaß daran.

Gísli trank ganz gerne; auf Ausritten war er gelegentlich betrunken. Fiel er vom Pferde, so stand der feurige Sóti geduldig und ruhig über ihm, ja er legte sich auf die Knie, um Gísli aufsteigen zu lassen, wenn er wieder zu sich gekommen war. Kam Gísli nach Hause, schüttete er im Winter dem Pferde immer Heu vor oder ließ es im Sommer auf die Wiese. Dabei sagte er zuweilen: »Fressen soll nun der Monsjer Sóti, und trinken sein Herr.«

Nur einmal kam es dazu, daß Sóti von seinem Herrn weglief. Gísli hatte im Laden Geschäfte getätigt und war auf dem Heimritte betrunken. Es war im Winter. Ein Schneesturm brach aus. Zu Hause wartete man mit Ungeduld auf die Heimkehr des Gísli; als sie sich hinzog, war man besorgt um ihn. Da wieherte ein Pferd am Fenster, laut und immer wieder. Sóti war gekommen – ohne seinen Herrn. Nun befürchteten die Leute das Schlimmste für Gísli; sie gaben ihn im Schnee verloren. In größter Eile wurde ein besonders tatkräftiger Knecht losgeschickt; Sóti machte wieder kehrt. Der Mann läßt das Pferd entscheiden, wohin es ihn führe. Sóti hält sich genau auf seinen Spuren zurück zu dem Hochlande Hellisheiði. Auf einmal bleibt er stehen und wühlt mit seinem Maule im Schnee. Gísli liegt dort und schläft fest. Der Knecht hebt Gísli aufs Pferd und hält ihn vor sich; denn der Bauer ist völlig hilflos. So reiten sie beide auf Sóti heim nach Reykjakot. Gísli erholt sich schnell wieder von diesen Strapazen. Der Ruhm des Sóti wuchs nicht wenig. Mit seinem Instinkt und seiner Treue hatte er seinen Herrn gerettet. Gísli hielt seinen Monsjer Fuchs in Ehren, solange das Pferd lebte. Sóti wurde dreißig Jahre alt.

Þórður Sigurðsson und Magnús Magnússon

Þokki

Dieses Pferd hatte ich lange ersehnt. Es hatte meine Freunde und Verwandte die besten Jahre seines Lebens getragen. Als ich es eben erworben hatte und zu dem Hofe kam, wo ich arbeiten wollte, getraute ich mich nicht, es frei zu lassen. Ich hatte keine Fußkoppeln bei mir. Es kam mir aber nicht in den Sinn, es könnte schwierig sein, einen tauglichen Strick für ein Pferd zu finden, das an Fußfesseln gewohnt war. Doch das kam ganz anders. Ich erhielt wohl einen Strick – aber er war zu dünn. Ich dachte, der würde die eine Nacht schon halten oder schlimmstenfalls noch einen Tag darauf und das Pferd nicht wund machen. Als ich die Fessel wechseln wollte, da konnte ich niemanden von meinen Mitarbeitern dazu bekommen, mir beim Einfangen des Pferdes zu helfen. Und allein konnte ich es auch nicht, wenigstens nicht in so kurzer Zeit, die ich mich von der Arbeit frei machen durfte. So blieb das bis zum nächsten Sonntag. Ich erlitt Schmach und Sorge – warum sollte ich das verschweigen? – und Zorn gegen meinen Brotherrn und seine Leute. Und Þokki – er erduldete Wunden und Qualen. Sein Teil ist schon lange abgeschlossen – in mir aber brennt die Wunde heute noch.

Am Sonntagmorgen dann mußte ich mich abhetzen, ehe ich ihn greifen konnte. Viele und blitzschnelle Attacken mußte ich über mich ergehen lassen. Þokki schlug mit seinem rechten Hinterfuß aus, so weit und so hoch, daß ich nur staunte. Endlich gelang es mir, ihn zu zäumen. Ich blieb bei ihm den ganzen Tag, verband seine Wunde, klopfte ihn und koste ihn. Ich glaube, ich hätte eine Menge an ihm wiedergutzumachen für das, was zwischen uns vorgefallen war. Und das war der Lohn, den ich von Þokki erhielt: Danach schlug er nur einmal noch aus, und von mir ließ er sich immer greifen, wo das war und wann das auch sei, außer zum ersten Mal in jedem Frühling. Dann mußte ich mir schon allerhand Mühe um ihn geben. Das erklärte ich mir damit, daß ich ihn im Winter nie brauchte und mit ihm nicht zusammen war. Ich wagte es nicht, die Hufeisen das ganze Jahr an ihm zu lassen, weil seine Hufe schadhaft waren.

Und nun ein Beispiel für Þokkis Charakter und Verhalten. Wir waren zu mehreren beim Heuen auf der Hochweide und lebten in einem Zelt. Unsere Pferde grasten in der Nähe. Mit uns war ein ordentlicher Kerl, der auch gut zu Pferden war; er hieß Ólafur. Er bat mich mal, ihm zu erlauben, sich den Þokki zu nehmen. Selbstverständlich willigte ich in seine Bitte ein und ging mit ihm zu den Pferden. Als wir dahin kamen, stand Þokki still und schaute auf mich, freundlich und zutraulich wie gewöhnlich. Ich wunderte mich nicht darüber, wenn nun das Pferd jedermanns Freund geworden wäre. Ich wandte mich ab, als wir einige Schritte vor ihm standen. Ganz hatte ich mich nicht an den Gedanken gewöhnt, Þokki könne zu anderen ebenso gut sein wie zu mir. Doch damit hatte ich mich abzufinden, wenn das so war. Als ich mich abwandte, da schoß es aus Ólafur hervor: »Verfluchter. Mit mir will er nichts zu tun haben.« Da blickte ich mich um. Þokki raste im wildesten Galopp davon.

Ich wartete, bis er wieder stehen blieb; dann rief ich ihn und ging zu ihm, jetzt allein. Ich drückte ihn an mich, koste ihn, mehr als gewöhnlich. Für eine Freude mehr hatte ich ihm zu danken, und nicht die geringste Freude.

Am wärmsten wurde es mir ums Herz, wenn ich zu Þokki auf die Weide ging, nachdem ich ihn auf Ausritten am Rastplatz freigelassen hatte. Das Pferd war äußerst scheu gewesen und stets bereit auszuschlagen – nun wartete er auf mich wie ein Freund, ja, man könnte geradezu sagen, er lächelte mir zu, wenn er mich kommen sah. Er traf seine Wahl unter den Menschen, so wie ich es tat. Zu meiner Braut war er bereits am ersten Tage ihrer Bekanntschaft so zutraulich wie zu mir. Von ihr ließ er sich greifen, wo sie es wollte. Ich wußte recht gut, das war nur deswegen, weil sie was von Pferden verstand und eine glückliche Hand mit ihnen hatte; so spielte ich doch mit dem Gedanken, das Pferd wisse um die Verbindung zwischen uns beiden und ließe sie an unserem guten Verhältnis teilhaben.

Gewiß sind ruhige Pferde die geeignetsten; man sollte solche suchen und aufziehen. Aber nachdem ich Þokki kennengelernt hatte, schien es mir immer, schwierige und mehrdeutige Pferde werden stets die liebste und reinste Freude für denjenigen, dem das Glück die Gnade schenkt, die Zuneigung solcher Pferde zu gewinnen.

Sigurður Jónsson frá Brún, 1898–1970

SÖRLI

Sörli trägt mich daunenweich,
läßt an Frühling denken.
Was dem Traum, dem Liede gleich,
seine Gänge schenken.

Nehme Abschied ich von hier,
muß die Todesfurt durchreiten,
schicke, Herr, dann Sörli mir –
er soll mich nach Haus begleiten.

Oft fær Sörli muna mýkt,
minnir hann á vorið.
Það er draumi og ljóði líkt,
ljúfa hýrusporið.

Herra, Þegar heimi frá
held ég á dauðavaðið,
sendu mér hann Sörla Þá, –
sit ég hann bezt í hlaðið.

Pastor GUNNAR ÁRNASON

ANHANG

ISLÄNDISCHE PFERDENAMEN UND IHRE BEDEUTUNG

Álft	– Schwan
Alsviður	– Allbehend
Árvakur	– Frühwach
Björt	– hell
Blængur	– Rabe
Bleikur	– Falbe
Blesi	– Pferd mit Blesse
Blóðuhofi	– »Bluthuf«, Freyrs Pferd
Brunka	– Braune
Brunn	– Brauner
Elding	– Blitz
Fálki	– Falke
Faxi	– Mähne, Pferd mit schöner Mähne
Fífill	– Löwenzahnblüte
Fluga	– Fliege
Frosti	– Frost
Gammur	– Geier
Gára	– Kürzel von Gárungi – Schelm
Gaukur	– Kuckuck
Glaður	– Glücklicher
Gletta	– Streich, necken
Glóa	– glühen, funkeln
Grani	– Sigurðs Pferd
Gráni	– Grauer
Grána	– Graue
Harpa	– Harfe
Héla	– Rauhreif
Hrafn	– Rabe
Hrímfaxi	– Reifmähne
Hringur	– Ring
Ísing	– Vereisung, Glatteis
Jarpur	– Brauner
Jörp	– Braune
Kemba	– Kammwolle
Klaki	– Eis
Krummi	– Rabe
Kufa	– Hut, Stute, deren Kopffarbe sich von der ihres übrigen Körpers unterscheidet.
Kulti	– Kälte
Lappi	– Weißbeiniger
Ljóska/Ljóski	– die/der Lichte
Logi	– Lohe
Moldi	– Erdfarbener
Mósi	– Moorfarbener, Graubrauner
Neisti	– Funke
Örn	– Adler

Ósk	– Wunsch
Perla	– Perle
Þruma	– Donner
Þytur	– Sausen, Brausen
Rauður	– Der Rote, Fuchs
Rjupa	– Schneehuhn
Roði	– Roter, Fuchs
Skinfaxi	– Leuchtmähne
Skjóni	– Schecke
Skuggi	– Schatten
Sleipnir	– Oðins Pferd
Suær	– Schnee
Sokki	– Socke, Pferd mit weißen Füßen
Sóley	– wörtl.: Sonnenauge, Hahnenfuß
Sörli	– Pferd aus den Sagas
Sóti	– Ruß
Steintrompur	– Steintreter
Stelpa	– Mädchen
Stjarni	– Stern, Pferd mit Stern
Stormur	– Sturm
Svaðilfari	– der durch Gefahren Schreitende
Svala	– Schwalbe
Vinur	– Freund

In Anlehnung an BRUNO KRESS: *Isländische Grammatik*, Leipzig 1982

Im Isländischen werden nur Namen und Satzanfänge mit Großbuchstaben geschrieben.

Die Hauptbetonung liegt immer auf der ersten Silbe eines Wortes.

Akzente sind keine Betonungszeichen, sie machen vielmehr aus einem Vokal einen anderen Vokal.

Von einigen Ausnahmen abgesehen, sind die Buchstaben im Isländischen und im Deutschen gleich; ihre Aussprache unterscheidet sich nur in gewissen Punkten. Nur auf die wichtigsten dieser Abweichungen soll im folgenden hingewiesen werden, wobei auf die Unterschiede zwischen kurzen und langen Lauten nur teilweise eingegangen wird.

Isländischer Buchstabe	lautliche Entsprechung in deutschen/englischen Wörtern	Isländische Wortbeispiele

1. Isländische Buchstaben, die nicht im Deutschen vorkommen:

æ Æ	Doppelvokal: a + i, ähnlich wie in *heißen, Kaiser*	bær, snæ-
ð Ð	ähnlich wie stimmhaftes engl. th in *then, that*	baða
þ P	ähnlich wie stimmloses engl. th in *thin, thank*	Þokka

2. Abweichungen in der Aussprache gleicher Buchstaben:

a = a

aber:		
a vor ng/nk	Doppelvokal: a + u ähnlich *Baum*	þang, hanka
au	Doppelvokal: ö + i, ähnlich *Feuilleton*	laug
á Á	Doppelvokal: a + u, ähnlich *Baum*	álft, Gráni

b = b

d = d

e = ä	wie ä in *Bär, Mädchen* (nicht wie e in *Bremen*)	nema
aber:		
e vor ng/nk	Doppelvokal; ä + i, etwa wie engl. *lady*	lengja, Kengála
ei/ey	Doppelvokal: ä + i, etwa wie engl. *lady*	Eiðfaxi, heiði ey, Reykjavík
é É	jä, etwa wie in *jährlich*	ég, Pétur

f = f

aber:		
f zwischen Vokalen	wie w in *Wasser*	Kleifaheiði
f nach l/r	wie in *Wasser*	kálfa, Narfi
f vor l/n	b	hefla, nefna, Höfn, Keflavík
fn vor d/t	m	nefnd

g = g

aber:		
g vor e/i/í/y/ý/æ/ei/ey	ähnlich wie gj (keine dt. Entsprechung)	Gisli, Stiggi
g zwischen Vokal und i/j = j		Bægisá, lygi
g vor s/t	ähnlich wie ch in *Mädchen*	sigti

h = h

aber:		
h vor j/l/n/r	ähnlich wie ch in *Mädchen*	Hjálmar, hlíð, hnáka, hross
hv	qu wie in *Quark*	Hvítá, hvönn

i/y	entweder	kurzes i wie in *bitte*	lind, mylja, Sörli
	oder	langes e ähnlich wie in *Bremen*	lin, nyt
	i/y vor gi/gj	langes i wie in *Wiese*	tiginn, lygi
í/ý		langes i wie in *Wiese*	Fína, mýri

j = j

k = k

aber:		
k vor e/i/í/y/ý/æ/ei/ey	ähnlich wie kj (keine deutsche Entsprechung)	Kengála, kenna, Skinfaxi, Bakki
kv = qu	wie in *Quark*	kvæði, kvöld
kk	wird »angehaucht« und tendiert zu chk	ekki, Brekka, Stakkadalur

l = l

aber:		
ll	meistens dl ähnlich wie *Adler*	Hellisheiði, Páll, Njáll
l nach r	dl ähnlich wie *Adler*	Sörli

m = m

n = n			
aber:			
nn	wie dn in *Niedner*	Svei**nn**, stei**nn**	
(falls es nicht direkt nach a/e/i/o/u/y/ö steht)			
n nach r	wie dn in *Niedner*	Ár**n**i, Stjar**n**i	

o entweder kurz:	offenes o wie in *offen*	h**o**lt, l**o**ft
oder lang:	langes, <u>offenes</u> o	k**o**t, landbr**o**t
	(keine dt. Entsprechung)	
	(das lange o wie in *Ofen* ist Isländern unbekannt)	

ó	Doppelvokal: o + u,	J**ó**n, Aðalb**ó**l
	ähnlich engl. *go*	

ö entweder kurz:	offenes ö ähnlich *öffnen*	h**ö**fn, S**ö**rli
oder lang:	langes, <u>offenes</u> ö	J**ö**kulsá, m**ö**n
	(keine dt. Entsprechung)	
aber:		
ö vor ng/nk	Doppelvokal: ö + i,	h**ö**nk
	ähnlich *Feúilleton*	

p = p		
aber:		
p vor s/t/k	f wie in *helfen*	ski**p**ta, dý**p**ka

r Zungenspitzen-r (wie in manchen		**R**agna**r**,
deutschen Dialekten		h**r**oss, bæ**r**
und im Italienischen;		**R**eykjavík, Sö**r**li,
deutsches Zäpfchen-r gilt in		mý**r**i, G**r**áni
Island als Sprachfehler)		

s		immer stimmloses s/ss/ß	
		wie in *lo**s**la**ss**en, bei**ß**en*	**S**örli, ma**s**a
t = t			
aber:			
tt		wird »angehaucht«,	
		tendiert zu cht, etwa *Na**ch**t*	nó**tt**, Gre**tt**ir

u entweder kurz:	dann ähnlich ü wie in *K**ü**ste*		Ásm**u**nd**u**r,
			Hvamm**u**r,
			Pét**u**r
oder lang:	dann ähnlich ö wie in *Öfen*		R**u**nólfur, m**u**n
aber:			
gu im isländischen Wort *guð*			**gu**ð, **Gu**ðrun
	= **gwö**		**Gu**ðmundur
u vor ng/nk	u wie in *gut*		t**u**nga

ú Ú	wie in *g**u**t*		Br**ú**n, **Ú**lfur,
			útigangshross

v	w wie in *warten*		Há**v**amál,
			Vík, **V**aðlaheiði

x = x			Fa**x**i, La**x**ness

(z)	ist seit 1973 durch s ersetzt,	
	wurde bis dahin gesprochen wie	
	s/ss/ß in *lo**s**la**ss**en, bei**ß**en*;	
	kommt noch in Namen vor:	Egger**z**
(c)	kommt nur in Fremdwörtern vor.	

Reiseland Island

Island ist sicher kein Ziel des Massentourismus und wird es kaum werden, aber ebensowenig ist es ein weißer Fleck auf der touristischen Weltkarte. 1992 konnten die 260 000 Isländer mehr als 142 000 Gäste begrüßen, von denen etwa 33 000 aus den deutschsprachigen Ländern Mitteleuropas stammten.

Die rauhe, karge und allem Anschein nach unberührte Natur, die sich mit all ihren Zeichen des Vulkanismus und ihrer imposanten Gletscherwelt nur in wenigen Ländern der Erde auf so überschaubarem Raum so abwechslungsreich präsentiert, lockt immer mehr Besucher auf die Insel im Nordatlantik. Hinzu kommt der Hauch von Abenteuer, der jedem Islandurlaub anhaftet, obwohl das Land inzwischen touristisch gut erschlossen ist und jeder Frau und jedem Mann als Reiseziel offensteht.

Island ist ein typisches Urlaubsland für Rundreisen, was durch die Siedlungs- und die damit verbundene Verkehrsinfrastruktur betont wird: Die 103 000-km²-Insel ist in einem mehr oder minder breiten Streifen entlang der Küsten besiedelt, durch den als Hauptverkehrsader die etwa 1400 km lange Nationalstraße 1, die Ringstraße, einmal um das Land herumführt. Viele der bekannten Natursehenswürdigkeiten lassen sich über diese Ringstraße und ein Netz von Nebenstraßen mit jedem Fahrzeug erreichen. Relativ gut erschlossen sind auch die bewohnten Halbinseln, die sich im Westen und Norden weit ins europäische Nordmeer

vorschieben und gerade unter Islandkennern zunehmend als Reiseziele beliebter werden, z. B. Snæfellsnes und die große Nordwesthalbinsel, im Sprachgebrauch »Die Westfjorde«.

Lediglich das Landesinnere, eine fast vegetationslose, hochgelegene Schotterwüste, ist unbewohnt und unter normalen Bedingungen nur im Sommer mit geländegängigen Fahrzeugen, zu Fuß oder auf dem Rücken von Islandpferden zugänglich.

Die folgenden Hinweise sollen einen ersten Eindruck von den Reisemöglichkeiten in Island geben, erheben aber nicht den Anspruch, einen Reiseführer zu ersetzen (siehe dazu die Literaturhinweise). Die genannten Adressen sollen den Zugang zu weiteren Informationen erleichtern; sie sind jeweils eine Auswahl nach dem Stand bei Redaktionsschluß, erheben aber keinen Anspruch auf Vollständigkeit. (Telefonnummern sind grundsätzlich ohne die internationalen Vorwahlen angegeben. Wollen Sie aus Mitteleuropa eine der genannten Nummern in Island anrufen, so müssen Sie die für Ihr Heimatland gültige Zugangsnummer für das Internationale Netz wählen [in D/CH und A = 00], dann Islands internationale Vorwahl 354, dann die angegebene Gebietskennzahl ohne die 9 und dann die angegebene Teilnehmernummer
[z. B.: Nummer 91-123456 in Reykjavík ab D = 00-354-1-123456].)

Anreise

Mit dem Flugzeug
Saisonabhängig werden von Mitteleuropa nach Island Charter- und Liniendirektflüge ab Amsterdam, Hamburg, Frankfurt/M., Köln, München, Salzburg, Wien, Luxemburg und Zürich angeboten. Preislich am günstigsten sind Charterflüge mit Minimalprogramm, die über gute Reisebüros zu buchen sind; für Linienflüge – auch mit Umsteigen ab allen größeren Flughäfen – werden Sondertarife angeboten, wenn man frühzeitig bucht und Einschränkungen beim Umbuchen in Kauf nimmt. Die meisten Linienflüge führt Islands nationale Fluglinie durch:

Icelandair,
Roßmarkt 10, D-60311 Frankfurt, Tel.: 069-29 99 78;
Siewerdtstraße 9, CH-8035 Zürich, Tel.: 01-312 73 73;
Opernring 1, Stiege R,
A-1010 Wien, Tel.: 02 22-56 36 74.

Island in Stichworten:

Fläche: 103 000 qkm,
davon 11 % von Eis bedeckt

Bevölkerung: 260 000 E

Höchster Berg: Hvannadalshnúkur
(2 229 m)

Größter Plateaugletscher der Erde:
Vatnajökull (8 456 qkm)

Baumgrenze: 300–400 m

Noch tätige Vulkane: u. a. Öræfa-
jökull (2 119 m), Hekla (1 491 m)

Straßennetz: 1 400 km

Haupterwerbszweig: Fischerei und
Fischverarbeitung

Landwirtschaftliche Nutzfläche:
ca. 20 % der Gesamtfläche, davon
96 % genutzt für Viehzucht (Schafe,
Rinder, Pferde)

Published under licence from the Iceland Geodetic Survey: LMÍ 134-93

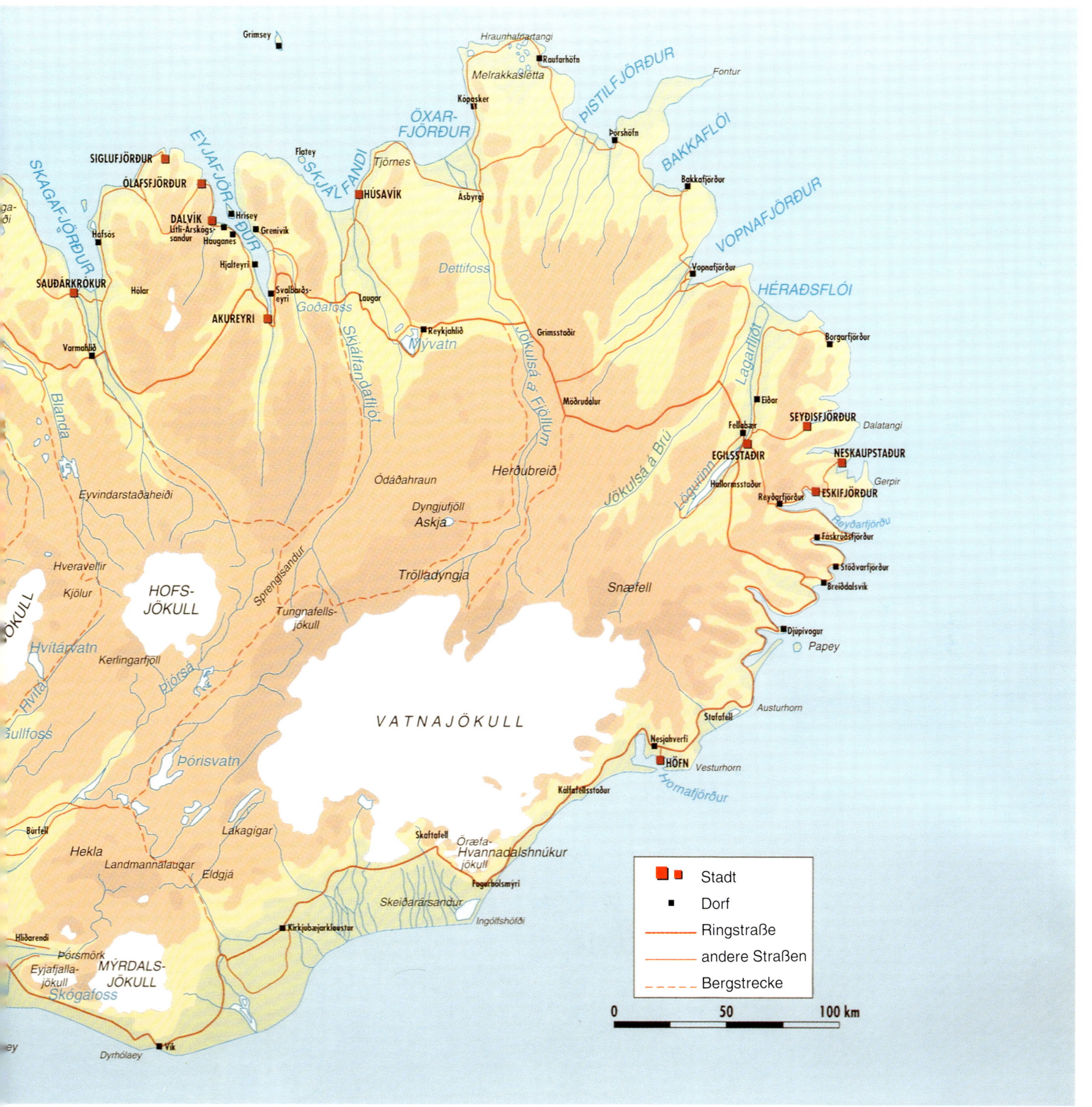

Grimsey

Hraunhafnartangi

Raufarhöfn

Melrakkaslétta

PISTILFJÖRÐUR

Fontur

Kópasker

ÖXAR-
FJÖRÐUR

Þórshöfn

BAKKAFLÓI

SKAGAFJÖRÐUR

EYJAFJÖRÐUR

SIGLUFJÖRÐUR

Flatey

SKJÁLFANDI

Tjörnes

Bakkafjörður

ÓLAFSFJÖRÐUR

HÚSAVÍK

Ásbyrgi

VOPNAFJÖRÐUR

Hrísey

DALVÍK

Grenivik

-ði

Litli-Árskógs-
sandur

Hofsós

Hauganes

Dettifoss

Vopnafjörður

HÉRAÐSFLÓI

Hjalteyri

Svalbarðs-
eyri

SAUÐÁRKRÓKUR

Hólar

AKUREYRI

Goðafoss

Laugar

Grímsstaðir

Borgarfjörður

Varmahlíð

Reykjahlíð

Mývatn

Skjálfandafljót

Blanda

Eyvindarstaðaheiði

Jökulsá á Fjöllum

Möðrudalur

Eiðar

Fellabær

SEYÐISFJÖRÐUR

Dalatangi

Óðáðahraun

Herðubreið

Jökulsá á Brú

EGILSSTAÐIR

NESKAUPSTAÐUR

Dyngjufjöll

Askja

Lögurinn

Hallormsstaðir

Gerpir

Reyðarfjörður

ESKIFJÖRÐUR

Hveravellir

Trölladyngja

Snæfell

Fáskrúðsfjörður

Reyðarfjörðu

HOFS-
JÖKULL

Kjölur

Kerlingarfjöll

Tungnafells-
jökull

Stöðvarfjörður

Breiðdalsvík

Hvítárvatn

Sprengisandur

Djúpivogur

Papey

Hvítá

Þjórsá

VATNAJÖKULL

JÖKULL

Gullfoss

Pórisvatn

Stafafell

Austurhorn

Búrfell

Lakagígar

Nesjahverfi

HÖFN

Vesturhorn

Hornafjörður

Hekla

Landmannalaugar

Eldgjá

Öræfa-
Hvannadalshnúkur
jökull

Kálfafellsstaður

Skaftafell

Hliðarendi

Skeiðarársandur

Fagurhólsmýri

Pórsmörk

Kirkjubæjarklaustur

Ingólfshöfði

Eyjafjalla-
jökull

MÝRDALS-
JÖKULL

Skógafoss

ey

Dyrhólaey

Vík

	Stadt
	Dorf
	Ringstraße
	andere Straßen
	Bergstrecke

0   50   100 km

Wichtig für Preisvergleiche: Zur Anreise nach Luxemburg bietet Icelandair kostenlos Buszubringer ab vielen deutschen Städten oder Bahnanreise ab Schweizer Bahnhöfen. Zu allen Flugpreisen (bei Pauschalreisen meist enthalten) sind eine Flughafensteuer in Keflavík (ca. 35 DM) und die Sicherheitsgebühr auf dem Abflughafen (ca. 6 DM) hinzuzurechnen, die zusammen mit dem Ticket zu zahlen sind.

Günstig sind Flug-Schiffskombinationen: einen Weg fliegen, den anderen mit dem Schiff fahren (siehe unten). Die Schiffspassage beginnt/endet in Esbjerg, der Flug in Hamburg, Frankfurt, München oder Luxemburg. *Wichtig für Preisvergleiche*: Der Transport von/zum Fähr- bzw. Flughafen ist nicht im Preis enthalten.

Islands internationaler Flughafen »Leifur Eiríksson« liegt ca. 45 km südwestlich von Reykjavík bei Keflavík. In Verbindung mit allen Flügen verkehren Busse zwischen dem Flughafen und dem Hotel Loftleiðir in Reykjavík. Außer Keflavík wird international nur in wenigen Fällen noch Akureyri direkt angeflogen.

Mit dem Schiff

Das Fährschiff »Norröna« der färöischen Reederei *Smyril Line* steuert von Ende Mai/Anfang Juni bis Ende August/Anfang September Island an. Es legt einmal wöchentlich im dänischen Esbjerg (für Mitteleuropäer der günstigste Hafen; für autolose Passagiere Bustransfer ab Hamburg) ab und fährt über Tórshavn auf den Färöer-Inseln nach Seyðisfjörður in Ostisland. Von Tórshavn macht das Schiff einen Abstecher nach Bergen in

Norwegen und bietet damit Mitteleuropäern auch bei ausverkaufter Abfahrt ab Dänemark noch eine Alternative auf der weniger nachgefragten Route über Norwegen. Der Fahrplan der Norröna erfordert auf der Fahrt von Dänemark nach Island bzw. von Island nach Norwegen (nur in den angegebenen Richtungen!) einen zwei- bzw. dreitägigen Stopp auf den Färöer-Inseln, die auf jeden Fall einen Besuch wert sind.

Smyril Line in Mitteleuropa:
J. A. Reinecke [Agentur],
Jersbeker Straße 12,
D-22941 Bargteheide,
Tel. 04532/6519;

Universal Reisen,
Schubertring 9, A-1015 Wien;

Smyril Line Schweiz,
Les Jordils, CH-1261 Le Vaud.

Containerschiffe der isländischen Reederei *Eimskip* befahren ganzjährig regelmäßig die Route Reykjavík, Immingham (England), Hamburg, Antwerpen, Rotterdam, Immingham, Reykjavík, nehmen aber nur maximal 12 Personen in ihren komfortablen Kabinen mit. Möglich ist es, ein Fahrzeug mit dem Frachtschiff zu schicken und selbst zu fliegen (Informationen und Buchung: Island Tours, Raboisen 5, 20095 Hamburg, Tel. 040/336657)

Ausrüstung

Bei Islands wechselhaftem Wetter sollte man auf alle Eventualitäten eingestellt sein: Luftiges für Sonnentage mit Temperaturen bis über 25° C und Warmes sowie Wind- und Regendichtes für die kalten Tage, die in höheren Lagen auch im Juli Schnee oder Graupelschauer bringen können; nicht zu unterschätzen ist die auskühlende Wirkung von Wind unter diesen Bedingungen. Handschuhe, Schal, Mütze und warme Unterwäsche sollten im Gepäck sein. Will man wandern, sind gute, strapazierfähige Wanderschuhe (scharfkantiges Lavagestein!) und dicke Socken notwendig.

Für eine Campingreise braucht man unbedingt ein regendichtes, windsicheres Zelt sowie eine gute Isoliermatte oder eine Luftmatratze. Einen dicken Schlafsack sollte jeder Tourist mitbringen (siehe auch »Reisen in Island, Übernachten«), es sei denn, er entscheidet sich konsequent für die relativ teuren Hotelunterkünfte.

Wasser aus Bächen und klaren Bergflüssen ist selten verunreinigt und kann ohne Aufbereitung als Trinkwasser verwendet werden.

Diplomatische Vertretungen

Island in Mitteleuropa:
Botschaft: D-53173 Bonn, Kronprinzenstr. 6

Konsulat: A-1010 Wien 1, Naglergasse 2–5

Konsulate: CH-1206 Genf, 8 Rue Montdesion;
CH-3001 Bern, Könitzstr. 23;
CH-8023 Zürich, Bahnhofstr. 44, P.O. Box 6040.

Mitteleuropäische Länder in Island:
Botschaft Deutschlands: Reykjavík, Túngata 18, Tel.: 91-1 95 35 + 36
Konsulat Österreichs: Reykjavík, Austurstræti 17, Tel.: 91-2 40 16
Konsulat der Schweiz: Reykjavík, Austurstræti 6, Tel.: 91-2 42 09

Einreise- und Zollbestimmungen

Bundesdeutsche, Schweizer und Österreicher benötigen für die Einreise einen gültigen Personalausweis oder Reisepaß. Insbesondere jüngere Reisende müssen häufig auch ein Ticket für die Rückreise und ausreichende Geldmittel für die Dauer des Aufenthaltes nachweisen.

Neben Dingen des persönlichen Bedarfs wie Kleidung, Zelte, Foto- und Videoausrüstung darf bei der Einreise zollfrei mitgeführt werden: Reisende ab 20 Jahren 1 l Spirituosen bis max. 47 % Alkohol und 1 l Wein oder 1 l Spirituosen bis 21 % oder 6 l importiertes bzw. 8 l isländisches Bier. Ab 15 Jahren darf man 200 Zigaretten oder 250 g andere Tabakwaren mitnehmen. Selbstversorger sollten beachten, daß maximal 3 kg Lebensmittel pro Person eingeführt werden dürfen, wobei die Einfuhr von frischen Lebensmitteln weitgehend verboten ist.

Die Einfuhr von lebenden Tieren ist für Touristen praktisch nicht möglich, die von Pferden, auch von solchen, die aus Island stammen, grundsätzlich nicht.

Angel- und Reitgerät muß offensichtlich fabrikneu oder nachweislich desinfiziert sein.

Alle Waren, die nicht von der einreisenden Person im Gepäck mitgeführt werden, müssen verzollt werden, auch vorausgeschickte Pakete oder nachgeschickte Autoersatzteile.

Informationen:

Wichtigste Adresse für touristische Informationen über Island in Mitteleuropa (zuständig für ganz Kontinentaleuropa) ist das Büro des Isländischen Fremdenverkehrsamtes:
City Center, Carl-Ulrich-Str. 11/III, D-63263 Neu-Isenburg, Tel.: 06102-254484.

In der Schweiz nimmt das Büro der *Icelandair* Aufgaben des Fremdenverkehrsamtes wahr: Siewerdtstraße 9, CH-8050 Zürich, Tel.: 01-3127373.

Die deutsch-isländischen Freundeskreise (siehe unter »Freundeskreise«) bieten mit ihren Vorträgen und Ausstellungen Informationen an, können aber nur in sehr begrenztem Umfang touristische Beratung leisten. In Island angekommen, findet man in Reykjavík das wichtigste Informationszentrum: Upplýsingamiðstöð Ferðamála, Bankastræti 2, 101 Reykjavík, Tel.: 91-623045.

Hier sind Broschüren und Informationsmaterialien aus allen Landesteilen erhältlich, außerdem werden Bücher und Landkarten verkauft.

Weitere Informationsbüros, in denen man meist auch Rundfahrten und Zimmer buchen kann, gibt es in: Akureyri, Blönduós, Borgarnes, Egilsstaðir, Höfn, Húsavík, Hveragerði, Ísafjörður, Keflavík (am internationalen Flughafen und im Zentrum), Kirkjubæjarklaustur, Ólafsvík, Reykjahlíð am Mývatn, Sauðárkrókur, Selfoss, Skaftafell, Staðarskáli am Hrútafjörður, Varmahlíð, Vík í Mýrdal, þingvellir.

Über das aktuelle Geschehen informieren englischsprachige Broschüren und Touristenzeitungen wie »Around Iceland«, die regelmäßig aktualisiert in allen isländischen Informationsbüros und in vielen Übernachtungsbetrieben kostenlos ausliegen.

Freundeskreise/
Kulturaustausch

Freundeskreise, die die menschlichen, kulturellen und wirtschaftlichen Beziehungen zu Island und den Isländern fördern wollen, gibt es in allen deutschsprachigen Ländern. Die Vereine veranstalten Vorträge, Ausstellungen, Konzerte und publizieren beachtenswerte Hefte und Jahrbücher. Mitglieder werden gern aufgenommen und erhalten dann alle Einladungen und Publikationen (die Freundeskreise sind <u>keine</u> Touristeninformationen):

D-20095 Hamburg
Gesellschaft der Freunde
Islands e. V.
Raboisen 5

D-17489 Greifswald,
Vereinigung der Freunde Islands,
Nordeuropa Institut der Ernst-Moritz-Arndt-Universität,
Hans-Fallada-Str. 20

D-27568 Bremerhaven,
Deutsch-Isländische Gesellschaft,
Bürgermeister-Smidt-Str. 31

D-44339 Dortmund,
Deutsch-Isländische Gesellschaft innerhalb der Rheinisch-Westfälischen Auslandsgesellschaften e. V.,
c/o Karl Sträter, Am Gulloh 42

D-50667 Köln,
Deutsch-Isländische Gesellschaft,
e. V.,
Apostelnstr. 5

D-70191 Stuttgart,
Deutsch-Isländisches Kulturforum
e. V.,
c/o Dr. Helgi Sæmundsson,
Friedrich-Ebert-Str. 52

A-1170 Wien,
Österreichisch-Isländische Gesellschaft,
c/o Hans Dostal, Jörgerstr. 52/2

CH-8967 Widen,
Islandverein der Schweiz,
c/o Jón Kjartansson,
Thurnweidstr. 28

CH-1920 Martigny,
Suisse-Islande,
c/o Léonard Pierre Closuit,
29 Avenue du Léman

Rund ums Pferd

Pferdekauf
Trotz der vielfältigen und qualitativ guten Angebote von Islandpferdezüchtern und Importeuren in Mitteleuropa reizt es Pferdefreunde immer wieder, Tiere direkt in Island zu kaufen; mehrere kommerzielle Unternehmen bieten für die Export-/Importabwicklung ihre Dienste an. Bei vergleichbarer Qualität liegen die Preise in Island unter denen in Mitteleuropa, aber nicht selten zehren Transport- und Zollkosten den Unterschied auf.

Einige Veranstalter von Reiterreisen (siehe unten) bieten ihren Kunden die Pferde, die sie bei der Tour geritten haben, zum Kauf an und erledigen den Export ins Heimatland des Käufers. Arinbjörn Jóhannsson (Adresse siehe unter »Reiterreisen«) organisiert in der Nebensaison Reisen für interessierte Pferdekäufer mit Besuchen bei zahlreichen Züchtern in Nordwestisland.

Wichtige Adressen für Pferdefreunde:

Samband íslenskra hrossabænda
(Züchterverband)
Bændahöllinni, Hagatorg,
IS-107 Reykjavík, 91-630300

I. P. Z. V. e. V. (Islandpferdezüchterverband in Deutschland),
c/o Wolfgang Berg,
Lohrbergstr. 15a,
D-53604 Bad Honnef,
Tel.: 02224/8764

Verband der Pony- und Kleinpferdezüchter in Österreich
Sektion Islandpferde
(Prof. N. Schröder)
Sägewerksiedlung 5
A-2700 Wiener Neustadt
Tel.: 02622/32875

Islandpferde-Vereinigung Schweiz
(Brigitte Boller)
Liebesberg
CH-8547 Gachnang
Tel.: 054/551633

Pferdemärkte/Turniere
Jährlich finden regionale, volksfestartige Pferdemärkte statt, »Hestamannamót«. Alle vier Jahre (1994, 1998 usw.) gibt es als Steigerung das nationale »Landsmót hestamanna«. Über Termine dieser Märkte und anderer Reitturniere informieren das Isländische Fremdenverkehrsamt, Fachzeitschriften über Islandpferde (z. B. die Mitgliederzeitschrift des I. P. Z. V. e. V.; Adresse siehe unter »Pferdekauf«) oder der Landesverband der isländischen Reitvereine:
Landssamband hestamannafélaga,
Bændahöllini, Hagatorg 1, IS-107 Reykjavík, Tel. 91-630300

Reiterreisen

Islandpferde sind als genügsam, ausdauernd und trittsicher bekannt, bieten also gute Voraussetzungen für einen gelungenen Reiturlaub. In der großen Angebotspalette an Reiterreisen finden geübte Reiter ihre Traumtour ebenso wie Pferdelaien ihre erste Begegnung mit einem »Isi«. Hochlanddurchquerungen und mehrtägiges Reittrecking ist nur erfahrenen und konditionell fitten Reitern zu empfehlen.

Veranstalter von Reittouren in Island:

Arinbjörn Jóhannsson, Brekkulækur, IS-531 Hvammstangi, Tel. 95-1 29 38; (Reittouren für erfahrene Reiter im Gebiet der Arnavatnheiði und in Nordwestisland)

Eld Hestar, Laugaskarð, IS-810 Hveragerði, Tel. 98-3 48 84 u. 98-6 55 05 (Reittouren unterschiedlicher Dauer in Südwestisland)

Heklu Hestar, 660 Austvaðsholt, IS-851 Hella, Tel. 98-7 65 98 (Reittouren im Gebiet der Hekla)

Hestaleigan Laxnes, IS-270 Varmá, Tel.: 91-66 61 79 (Tagestouren am nördlichen Rand des Großraums Reykjavík)

Is Hestar, Bæjarhraun 2, IS-220 Hatnafjörður, Tel. 91-65 30 44 (Reittouren durch das Hochland und in Südwestisland)

Njáluferðir, Miðhúsum, 860 Hvolsvöllur, Tel. 98-7 81 33

Polarhestar, Grýtubakki II, 601 Akureyri, 96-3 31 79

Saga Hestar, Norðurgata 10, IS-860 Hvolsvöllur, 98-7 81 38

(Reittouren im Gebiet westlich des Mýrdalsjökull)

Auf einigen Bauernhöfen werden Pferde auch stunden- oder tageweise vermietet. Zahlreiche Höfe sind in der Liste »Islandferien auf dem Bauernhof« aufgeführt, die beim Isländischen Fremdenverkehrsamt angefordert werden kann. Dort bekommt man auch Anschriften von Reiterreisen- und Islandspezialisten unter den Reiseveranstaltern in Mitteleuropa, die Reittouren vermitteln.

Reisen in Island

Fortbewegung

Straßenverhältnisse: Islands Straßen haben lange Anlaß für abenteuerlichste Legenden geboten, aber immer größere Teile des Netzes sind inzwischen asphaltiert, darunter die meisten innerstädtischen Straßen, weit mehr als die Hälfte der Ringstraße und lange Abschnitte anderer Hauptstraßen.

Der Rest des Straßennetzes – insbesondere in Ostisland – hat eine rauhe Schotterdecke, die häufig ausgefahren und mit Schlaglöchern übersät ist; bei anhaltender Trockenheit gibt es eine lästige Staubentwicklung.

Die Hochlandpisten im Landesinneren sind unbefestigte Fahrwege, die nur von guten Geländewagen – oder -rädern – bewältigt werden können. Zum Teil sind Flüsse unüberbrückt und müssen gefurtet werden. Fahren im Gelände außerhalb von Pisten ist strengstens verboten und wird hart bestraft.

Die Ringstraße und alle Straßen – ob Asphalt oder Schotter – in bewohnten Regionen kann man mit normalen Fahrzeugen befahren, doch sollte man bei Zweirädern

wegen der Schotterabschnitte grundsätzlich Geländereifen benutzen.

Mietwagen: Es gibt zahlreiche Autoverleihfirmen; eine aktuelle Anschriftenliste ist über das Isländische Fremdenverkehrsamt (siehe »Information«) erhältlich.

Bei den größeren Verleihfirmen kann man Wagen auch am internationalen Flughafen von Keflavík übernehmen oder abgeben, immer häufiger ohne Extrakosten. Einwegmieten (= Abgabe des Fahrzeugs an einer anderen Stelle als der, an der man geliehen hat) sind ohne Aufpreis nur bei wenigen Firmen, bei bestimmten Wagentypen und nur zwischen bestimmten Orten möglich (z. B. bei Icelandair/ Hertz).

Wichtig für Preisvergleiche: Beachten Sie beim Prospektstudium, daß in einigen Preisen die Mehrwertsteuer (bei Redaktionsschluß 24,5%) schon in den Angeboten enthalten ist, in anderen nicht! In manchen Prospekten enthalten Spartarife mit festem Tages- oder Wochenpreis plus 100 oder 200 Freikilometer pro Tag die Mehrwertsteuer, zusätzliche Kosten wie Extrakilometer und Versicherungen aber nicht. In der Regel ist es günstig, Fahrzeuge zu Sparpreisen schon in Mitteleuropa zu buchen, eventuell sogar zusammen mit einem Flug als sogenanntes Fly&Drive-Programm; ein sehr umfangreiches Angebot dieser Art bietet die Fluggesellschaft *Icelandair* (siehe Liste) zusammen mit der Verleihfirma Hertz.

In der Vor- (bis Mitte Juni) und Nachsaison (ab Mitte August) sind Ermäßigungen je nach Arrangement bis 30% üblich.

<u>Mit dem eigenen Wagen</u>: Jeder, der in Island einen Wagen fahren möchte, benötigt einen gültigen Führerschein; der nationale ist ausreichend. Bringt man den eigenen Wagen mit, sind ein Fahrzeugschein und die grüne Versicherungskarte notwendig. *Achtung bei der Reisekalkulation:* Dieselfahrzeuge tanken zwar günstiger als Benziner, werden aber bei der Einreise mit einer vom Gewicht und der Aufenthaltsdauer abhängigen Steuer belegt.

Ungeeignet für Islandaufenthalte sind Fahrzeuge mit geringer Bodenfreiheit, auch sollte man diese nicht durch Überladen einschränken.

Alle Fahrzeuge werden grundsätzlich stark beansprucht und im Unterbodenbereich oft arg in Mitleidenschaft gezogen. Wohnmobile mit solide gearbeiteten Aufbauten eignen sich für Islandfahrten, Wohnwagen in der Regel nicht. Schwere Wohnmobile und umgebaute Militärfahrzeuge mit relativ schmaler Bereifung im Verhältnis zum Gewicht sind bei Islands Naturschützern unwillkommen: Sie schädigen insbesondere die Hochlandpisten, und nachfolgende Fahrzeuge weichen dann ins Gelände aus, wo die empfindliche Vegetation zerstört wird.

<u>Öffentlicher Verkehr</u>: Den öffentlichen Verkehr betreiben Bus- und Fluggesellschaften mit jeweils sehr dichten Liniennetzen. Eine Eisenbahn gibt es nicht. Im Sommer werden verschiedene Buslinien durch das unbewohnte Landesinnere betrieben.

Sowohl von den Bus- als auch von den Fluggesellschaften gibt es viele günstige Angebote für Touristen, alle unter Nutzung des regulären Liniennetzes, z. B.: Bus- und Flugpässe für eine Umrundung Islands; zeitlich begrenzte Busnetzkarten für 1–4 Wochen; Ausflugspakete für Kurztrips mit Bus oder Flugzeug; kombinierte Tickets für Hin- und Rückreise zwischen zwei Orten, wobei man wahlweise eine Strecke fliegt und die andere im Bus zurücklegt.

<u>Rundfahrten</u>: Organisierte Touren werden in Hülle und Fülle angeboten, von Ganz- oder Halbtagestouren ab Reykjavík und anderen wichtigen Zentren bis hin zu ein- oder mehrwöchigen Rundfahrten unter verschiedenen Aspekten und mit unterschiedlichstem Standard bei den Übernachtungen. Einige Veranstalter aus dem deutschsprachigen Raum organisieren Rundfahrten exklusiv für eigene Gruppen, andere buchen ihre Kunden auf Touren isländischer Veranstalter ein, die in der Regel von deutschsprechenden Reiseleitern betreut werden. Für die letztgenannten Rundfahrten kann man oft noch kurzfristig vor Ort in isländischen Reisebüros einen Platz buchen. Das Isländische Fremdenverkehrsamt und die Fluggesellschaft Icelandair informieren ausführlich über das breitgefächerte Angebot.

Neben pauschalen Rundfahrten findet man in den Katalogen der Islandspezialisten unter den Reiseveranstaltern häufig Bausteine, aus denen man sich eine individuelle Traumreise zusammenstellen kann: Zum Beispiel startet man im Anschluß an eine einwöchige Reittour zu einem Tagestrip mit dem Flugzeug nach Ostgrönland, fährt am nächsten Tag mit einem Bus von Reykjavík am Geysir und dem Wasserfall Gullfoss vorbei durchs Hochland nach Akureyri, macht von dort einen Tagesausflug zum See Mývatn und fliegt am dritten Tag zurück in die Hauptstadt, wo man für drei weitere Tage einen vorbestellten Wagen übernimmt, mit dem man die isländische Südküste und ihre mächtige Gletscherlandschaft erkundet. Die jeweiligen Übernachtungen bezahlt man mit Übernachtungsgutscheinen.

Übernachten

Islands Hotelpreise veranlaßten die bundesdeutschen Finanzämter Anfang der 90er Jahre, für das Land die höchsten Spesensätze weltweit anzuerkennen – das sagt wohl alles. Schlafsackunterkünfte auf Bauernhöfen, in Jugendherbergen oder in preiswerteren Hotels sind eine Möglichkeit, den hohen Preisen die Stirn zu bieten, wenn man ein Dach über dem Kopf haben will: Man schläft im eigenen Schlafsack zum Teil in Schlafsälen, zum Teil aber auch in Doppel- oder Einzelzimmern, auf einer unbezogenen Matratze. Landesweit stehen neben zahlreichen Hotels verschiedener Kategorien über 100 Bauernhöfe mit Fremdenzimmern, etwa zwei Dutzend Jugendherbergen und viele freie Schlafsackunterkünfte zur Verfügung. Populär unter Touristen sind die zur Zeit 17 »Edda Hotels«, die in jedem Sommer während der Ferienzeit in den besten Schulinternaten des Landes eingerichtet werden und einen 100%igen Hotelservice zu annehmbaren Preisen bieten. Die meisten der Häuser haben eigene Thermalbäder, aus heißen Quellen der Umgebung gespeist.

Einige Reiseveranstalter verkaufen preisgünstige Gutscheine für die unterschiedlichen Übernachtungsformen, so auch für die »Edda Hotels« und die Bauernhofunterkünfte. Da die jeweiligen Häuser, die den verschiedenen Gutscheinsystemen angeschlossen sind, nicht überall gleich stark vertreten sind, sollte man sich erfahrungsgemäß nicht auf eine Übernachtungsform festlegen, sondern Gutscheine verschiedener Ketten mischen bzw. nur für einen Teil der Übernachtungen Gutscheine mitnehmen und den Rest bar bezahlen – das kann etwas teurer werden, bietet aber mehr Möglichkeiten.

Wer kein Dach über dem Kopf braucht, findet in fast allen Orten, in den Nationalparks und in den meisten für Touristen zugänglichen Gebieten – einschließlich Hochland – Campingplätze. Außerdem bieten viele Bauernhöfe Zeltmöglichkeiten an. Freies Zelten ist erlaubt, ausgenommen in Nationalparks und auf bewirtschaftetem Land, was alle Heuwiesen einschließt!

Unterkunftslisten der verschiedenen Übernachtungsformen können beim Isländischen Fremdenverkehrsamt angefordert werden.

Reisezeit

Die meisten Besucher kommen in der kurzen Hauptsaison, die mit der zweiten Junihälfte beginnt und bis Ende August reicht. In dieser Zeit sind die touristischen Dienstleistungen am vielfältigsten, denn insbesondere abseits größerer Orte ist der Fremdenverkehr ein saisonbedingter Nebenerwerb, der von den extrem langen Sommerferien profitiert: Viele Lehrer bessern ihre bescheidenen Gehälter durch einen Reiseleiterjob auf, und die meisten Schulinternate dienen als Sommerhotels oder Schlafsackunterkünfte.

Das zentrale Hochland und seine Pisten können witterungsbedingt bis weit in die Hochsaison hinein gesperrt bleiben. Mißachtungen solcher Sperrungen, die zum Schutz der empfindlichen Natur notwendig sind, werden hart bestraft. Die Chance, das Landesinnere zu besuchen, ist größer, je später im Sommer man nach Island kommt.

Wer außerhalb der Sommermonate Island bereisen will, muß die Reise sehr sorgfältig planen, da dann zahlreiche Unterkünfte nicht zur Verfügung stehen und auch die Überlandbusse nur mit eingeschränktem Fahrplan verkehren. Außerhalb der Hauptsaison ist deshalb die Teilnahme an einer Gruppen- bzw. Pauschalreise zu empfehlen oder ein Individualurlaub mit nur wenigen Quartierwechseln.

Interessant ist Mitte September die Periode, in der überall im Lande Schafe und Pferde von den kollektiven Hochlandweiden zusammengetrieben und für die

einzelnen Besitzer sortiert werden. In einigen Fällen können Gäste bei der ebenso anstrengenden wie erlebnisreichen zwei- bis dreitägigen Arbeit, die meist zu Pferde geleistet wird, mitmachen. Für Pferdefreunde sind die Zusammentriebe in Nordisland, z. B. in der Pferdezüchterhochburg am Skagafjörður, empfehlenswert. Aktuelle Termine und Angebote für die Teilnahme können über das Isländische Fremdenverkehrsamt bezogen werden.

Zahlungsmittel

Isländische Währungseinheit ist die Krone, abgekürzt ISK oder IsKr. Eine Krone hat 100 Aurar. Der Wechselkurs ist in der Regel starken Schwankungen unterworfen; Abwertungen der Krone sind häufig zu erleben.

Isländische Kronen sollte man grundsätzlich nur in Island wechseln; An- und Verkaufkurse sind außerhalb Islands immer deutlich ungünstiger als im Land. Zahlreiche Hotels und Verkehrsbetriebe nehmen auch ausländische Banknoten zu einem Kurs, der meist nur unwesentlich vom Bankkurs abweicht. Als günstig hat sich das deutsche Postsparbuch erwiesen, von dem man auf jedem isländischen Postamt Geld abheben kann.

Kreditkarten (insbesondere Visa und Eurocard) können fast in jedem Geschäft benutzt werden. Der Verrechnungskurs entspricht etwa dem Bankkurs in Island. Reiseschecks werden zu einem ähnlichen Kurs wie Bargeld getauscht,

nur ist die Gebühr höher. In ISK ausgestellte Eurocheques werden fast überall als Zahlungsmittel akzeptiert und später nach einem Kurs abgerechnet, der etwa dem Bankkurs in Island entspricht; darauf schlägt die Heimatbank 1,75% Gebühr auf. Banken haben montags bis freitags von 9.15–16 Uhr geöffnet; in Reykjavík und am Flughafen Keflavík stehen auch zu anderen Zeiten Wechselstuben zur Verfügung.

LITERATUR

Reiseführer:

Polyglott Island; Polyglott-Verlag

Humboldt Reiseführer Erlebnis Island; Humboldt Taschenbuchverlag

Goldstadt-Reiseführer Island; von KLAUS BÖTIG und HANS KLÜCHE; Goldstadtverlag

Preiswert reisen Island und Färöer-, Shetland-, Orkney-Inseln; von HANS KLÜCHE; Hayit Verlag

DuMont Landschaftsführer Island – Vulkaninsel zwischen Europa und Amerika; von ACHIM SCHNÜTGEN

Eine sehr gute Mischung aus informativer und entspannender Reiselektüre hat GUDRUN MARIE HANNECK-KLOES mit dem *Island*-Band in der Reihe »Neue Reisebücher« des Oase-Verlages (DM 29,80) geschaffen. In über 30 Texten stellt die gebürtige Kölnerin, die jetzt in Island lebt, ihre neue Heimat vor. Gewohnheiten der Isländer und Sehenswürdigkeiten des Landes werden – nicht ohne kritische Anmerkungen – in den Essays beschrieben.

Bildbände:

BÁRÐARSON, HJÁLMAR; *Eis und Feuer – Kontraste der isländischen Natur* (Import, nicht preisgebunden)

FRANKE, KLAUS D. u. a.; *Island* (DuMont Verlag)

GEBHARD, PETER; Island (Reihe Globetrotter, Artcolor Verlag)

RÚRIKSSON, BJÖRN; *Island von oben*; ein in Island produzierter Bildband mit traumhaften Luftaufnahmen (Import)

SPIEGELHALTER, ERICH und HUG-FLECK, CHRISTOF; *Island* (Herder Freiburg)

STEFÁNSSON, PÁLL; *Light – Images of Iceland*; (Engl./Import)

TIEMANN, INGEBURG; *Island – Insel der Mythen*, Bildband im Taschenbuchformat

Merian Monatsheft: *Island*

Sachbücher:

HUG-FLECK, CHRISTOF; *Islands Geologie*

JANTZEN, HEIDRUN und FRIEDRICH, *Island – Landschaften, Pflanzen- und Tierwelt*

SCHMIDT, FRANK-ULRICH, *Island – Naturkundlicher Reiseführer Nr. 1*

SCHUTZBACH, WERNER; *Island – Feuerinsel am Polarkreis*; Klassiker unter den Island-Sachbüchern, zuletzt 1985 in dritter Auflage erschienen

WISNIEWSKI, WILFRIED; *Island – Reiseführer Natur* (BLV)

Die auf Island-Literatur spezialisierte Buchhandlung C. Roemke & Cie. (Apostelnstr. 7, 50667 Köln) gibt jährlich eine Liste lieferbarer Titel mit Island-Bezug heraus und kann auch seltene oder Import-Bücher auf dem Versandweg beschaffen.

Franckh-Kosmos Pferdebücher für alle, die Pferde lieben

Tony Pavord

■ **Pferdekrankheiten**

Ob damals, als der Begriff „Roßnatur" entstand, Pferde wirklich noch gesünder waren? Heute jedenfalls haben sie unter einer Vielzahl von Erkrankungen zu leiden. In knapper, übersichtlicher Form informiert dieses Buch nach dem neuesten Stand der Veterinärmedizin über die wichtigsten Impfungen und die häufigsten Krankheiten, woran man sie rechtzeitig erkennen und was man dagegen tun kann. Ein „Terminkalender für Pferdehalter" im Anhang gibt Hilfestellung, wie man den Überblick behält und das Pferd optimal betreut und schützt.
104 Seiten, 47 Abbildungen
ISBN 3-440-06669-X

Gerhart Gerweck/Hermann Späth

■ **Der homöopathische Pferdedoktor**

Auch bei der Haltung von Pferden und ihrer Behandlung im Krankheitsfall greifen immer mehr Menschen auf die Heilkräfte der Natur zurück. Dieser Leitfaden führt ein in die Grundprinzipien der Homöopathie, erläutert die Wirkungsweise der Heilkräuter und Wirkstoffe und zeigt, für welche Erkrankungen des Pferdes die Homöopathie eine wichtige, erfolgreiche Behandlung darstellt.
55 Krankheitsbilder helfen dem Pferdehalter, für jede Erkrankung die passende Behandlung zu finden und sich eine homöopathische Stallapotheke für Notfälle anzulegen.
150 Seiten, 28 Abbildungen
ISBN 3-440-06709-2

Michael Schäfer

■ **Die Sprache des Pferdes**

Das Standardwerk zum Verhalten des Pferdes, überarbeitet und um die modernsten Forschungsergebnisse erweitert – ein Muß für alle, die Pferde lieben und mit ihnen umgehen. Der erste Teil des Buches beschreibt das Verhalten unter verschiedensten Bedingungen, der zweite Teil ist den Ausdrucksformen des Pferdes, seiner „Sprache" von den Lautäußerungen bis zur Körperhaltung und Gesichtsmimik, gewidmet.
263 Seiten, 144 Abbildungen
ISBN 3-440-06704-1

Anke Schwörer-Haag/Thomas Haag

■ **Gaedingar – Die andere Reitlehre**

Gaedingar – das Traumpferd jedes Islandpferdereiters, das in allen Gangarten schön und harmonisch geht, das den Reiter in stolzer Selbsthaltung immer angenehm sitzen läßt. Ein Stück weit Traumpferd kann jedes Pferd sein – losgelassen und zugleich imponierend in Schritt, Trab, Tölt, Galopp und Paß. Neue Wege in der Ausbildung werden hier aufgezeigt, für den Turnier- wie für den Freizeitreiter. Ziel ist die natürliche Entwicklung der Gangarten aus den Anlagen des einzelnen Pferdes. Das Ergebnis: Reiten im Einklang zwischen Reiter und Pferd.
119 Seiten, 82 Abbildungen
ISBN 3-440-06312-7

Franckh-Kosmos · Stuttgart

Für anspruchsvolle Reiter und Pferdehalter

Klaus Ferdinand Hempfling
■ **Mit Pferden tanzen**
Dominanz ohne Strafen, Versammlung ohne Zügeldruck – nur scheinbar Gegensätze, wie diese neuartige Reitlehre zeigt. Die natürlichen Gesetze wildlebender Pferde werden integriert in ein Ausbildungssystem, dessen Ziel es ist, Vertrauen, Harmonie und Dominanz durch Körpersprache und pferdegerechte Kommunikation zu erreichen. Ein neuer Weg auf der Grundlage jahrhundertealter Traditionen.
204 Seiten, 522 Abbildungen
ISBN 3-440-06564-2

Claus Penquit
■ **Die Freizeitreiter-Akademie**
„Ununstößliches Gesetz für jegliches Reiten ist ein pferdegerechter Sitz – von dem auch der Reiter erheblich profitiert – sowie eine intensive Gymnastizierung und Schulung, deren Art und Weise der Psyche und Anatomie des Pferdes gerecht wird." Eine Gebrauchsreiterei im besten Sinne, schonend für Pferd und Reiter, stellt Claus Penquitt hier in Wort und Bild vor. Die einzelnen Lernschritte sind logisch aufgebaut, und ihre Ausführung wird so detailliert erklärt, daß sie für jeden leicht nachvollziehbar ist. Leichtigkeit und Eleganz, Pep und Präzision bei feinst abgestimmten Hilfen und vor allen zufriedene, gelassene Pferde sind das Ergebnis dieser Reitlehre, einer Synthese aus altiberischer Reitkunst und praktischer Erfahrung.
240 Seiten, 211 Abbildungen
ISBN 3-440-06628-2

Ingolf Bender
■ **Handbuch Offenstallhaltung**
Die Offenstallhaltung mit Auslauf und Weidegang ist wohl die Unterbringung, die allen Pferderassen – vom Shetlandpony bis zum Warmblut oder zum Araber – am meisten behagt. Die Offenstallhaltung ist naturgerecht und artgemäß für Pferde, hier können sie ihr natürliches Verhalten ausleben. Dadurch sind sie ausgeglichen und umgänglich. Ingolf Bender informiert in diesem Handbuch über alles, was man über die Haltung im Offenstall wissen muß.
151 Seiten, 88 Abbildungen
ISBN 3-440-06311-9

Ingolf Bender
■ **Handbuch Robustpferde**
Robustpferde, ob Isländer, Norweger, Haflinger oder all die anderen Rassen, sind als ausdauernde, genügsame Begleiter für den Freizeitreiter und -fahrer sehr beliebt. Aber trotz ihrer Genügsamkeit erfordert ihre Haltung gewisse Voraussetzungen. Ingolf Bender informiert in diesem umfassenden Handbuch darüber, was bei der Anschaffung, der Haltung, Pflege und im Umgang mit diesen Rassen zu bedenken ist.
176 Seite, 78 Abbildungen
ISBN 3-440-06169-8

Franckh-Kosmos·Stuttgart